Hermann Meinberg

Das Gleichgewichtssystem Wilhelms III. und die englische Handelspolitik

Hermann Meinberg

Das Gleichgewichtssystem Wilhelms III. und die englische Handelspolitik

ISBN/EAN: 9783743651869

Hergestellt in Europa, USA, Kanada, Australien, Japan

Cover: Foto ©ninafisch / pixelio.de

Weitere Bücher finden Sie auf **www.hansebooks.com**

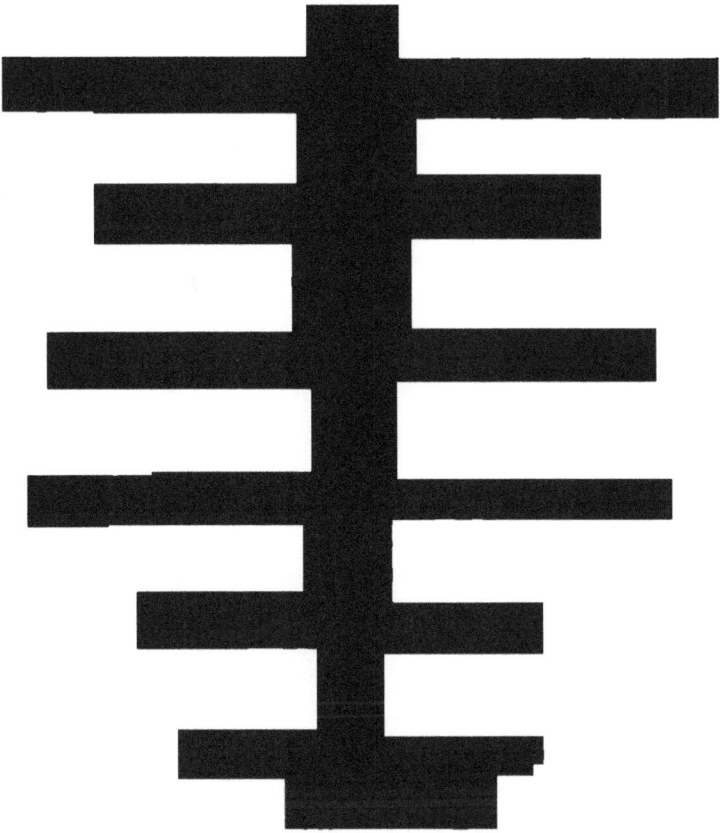

Wenn man das Leben und Wirken des englischen Königs Wilhelm III. betrachtet, so ist der zuerst hervorstechende Zug das fortwährende Kämpfen gegen den gewaltigen französischen König[1]), der schon der mächtigste Herrscher in Europa war, als Wilhelm, des Vaters schon vor der Geburt beraubt, unter dem heftigsten Ringen der Parteien, die darauf ausgiengen, seinem Hause und ihm die wohlverdiente Stellung zu nehmen, das Licht der Welt erblickte; und der, als dann Wilhelm frühzeitig, nachdem er sein Leben in stetem Kampf und Mühen verbracht hatte, starb, im Begriff zu sein schien, seine schon übergrosse Macht noch um den ungeheuern Zuwachs des ganzen spanischen Reichs mit seinen Colonien und Schätzen zu vermehren.

Zwei Perioden, scheint mir, kann man in diesem Kampfe Wilhelms III. gegen Ludwig XIV. unterscheiden; die erste umfasst die Zeit, wo er als Vorkämpfer und Feldherr der vereinigten Niederlande gegen Jenen stritt, zuerst mit der Waffe, dann in politischen Intriguen und diplomatischen Verhandlungen; die zweite beginnt, als er sich des englischen Throns bemächtigt hatte; und jetzt, wo er die ganze Kraft und das Ansehen Englands hinter sich hatte, nahm der Kampf andere Dimensionen, andere Gestalten an; nicht mit Mühe sich gegen die Uebermacht wehrend, sondern als ebenbürtiger Gegner stand nun Wilhelm seinem Feinde gegenüber.

Wenn man alles dies betrachtet, so fragt man natürlich sofort nach dem Grunde einer so steten Feindseligkeit; und für die erste Periode ist die Antwort nicht schwer: es war eben

1*

ein Kampf um's Dasein; der Oranier musste sich wehren gegen die Macht, die erst im Bunde mit kurzsichtigen oder zu klugen, von Parteileidenschaft geblendeten oder durch Geld gewonnenen Bürgern des Landes die Niederlande wehrlos gemacht und dann plötzlich sie überfallen und fast überwältigt hatte, und die auch dann, als Friede geschlossen war, auf anderem Gebiete ihre Angriffe fortsetzte und mit gleichen Waffen bekämpft werden musste.

Aber in der zweiten Periode, als Wilhelm König von England geworden, waren ja die Niederlande, nun mit diesem Lande, das vorher unter den Stuarts zu ihren Feinden gehalten hatte, eng verbunden, nicht mehr so gefährdet, und sein neues Königthum bedrohte Ludwig durch Unterstützung der vertriebenen Stuarts eben doch nicht in so gefährlichem Maasse — was war da der Grund zu dem fortwährenden Kampf, zu den Rüstungen, für den grossen Krieg, unter denen Wilhelm hinweggerafft wurde? Darauf wird geantwortet: Wilhelm wollte das Gleichgewicht Europas sicher stellen gegen die Uebermacht Frankreichs, die besonders, wenn die spanische Erbschaft an Ludwigs Enkel fiel, alle andern Mächte zu überwältigen drohte. Für das Gleichgewicht Europas also dieser heftige Kampf! für das Gleichgewicht Europas nahm also das englische Volk, das sich sonst so heftig gegen jede Vermehrung seiner Lasten sträubte, willig die schwersten Kriege auf sich, lud sich die schwere Staatsschuld auf, häufte seine Steuern und Abgaben! Dies näher zu beleuchten, soll den Gegenstand der folgenden Betrachtungen bilden.

I. Capitel.

Die Idee des politischen Gleichgewichts und Wilhelm III.

Was ist, was bedeutet diese Idee des politischen Gleichgewichts? Woher stammt sie? Wie fassten sie Wilhelms Zeitgenossen, wie fasste er selbst sie auf? Das sind die Fragen, auf die wir wohl zunächst einzugehen haben. Eine Definition dieses Begriffs finde ich u. A. bei Gentz[2]), der da sagt, das politische Gleichgewicht sei „diejenige Verfassung nebeneinander bestehender und mehr oder weniger mit einander verbundener Staaten, vermöge deren keiner unter ihnen die Unabhängigkeit oder die wesentlichen Rechte eines andern ohne wirksamen Widerstand von irgend einer Seite und folglich ohne Gefahr für sich selbst beschädigen kann." Aehnlich drückt sich eine der Zeit nach unserm Gegenstand näher stehende Brochüre aus[1]): „Est autem Trutina seu Bilanx Gentium, vulgo, die Balance' institutum Gentium, quo imperia ita confirmantur ut proportio virium determinata servetur; ne in damnum aliorum nimis augeantur, sed salus communis populorum commode sustineatur."

Man sieht, bei Gentz tritt das „Gleichgewicht" eigentlich schon fast ganz zurück, es tritt eine concrete „Verfassung" an seine Stelle, in der es auf das Uebergewicht an und ·für sich nicht ankommt, während in der früheren Definition die abstracte Idee des „Gleichgewichts der Kräfte" noch im Vordergrunde steht.

Verfolgen wir nun im Laufe der neueren Geschichte die Schicksale dieser Idee, so finden wir, dass der Gedanke unter diesem selben Bilde zuerst in Italien wohl auftritt. Hier hatten sich aus der Zerstückelung des Mittelalters fünf Mächte erhoben zu besonderer Bedeutung, Venedig, Mailand, Florenz, Neapel und der heilige Stuhl, zwischen denen es galt das Gleichgewicht zu halten; immer je zwei standen sich gegenüber, die fünfte „balancirte"[1]). Doch Italien und das ganze System warf Carls VIII. Zug (1495) über den Haufen; damit beginnt eigentlich das moderne Staatensystem[3]).

Bis dahin hatte das Römische Kaiserreich deutscher Nation den Anspruch einer weltlichen Oberhoheit über die gesammte Christenheit gemacht; wir sehen diesen noch ganz deutlich unter Kaiser Siegismund, der als Friedensstifter zwischen den europäischen Mächten umherreiste[4]); und die ausserordentliche Mühe, die sich die andern Herrscher gaben, jede Art· Lehnshoheit zurückzuweisen, zeigt uns, dass der Gedanke damals doch noch ziemlich nahe lag. In der Folge traten dann durch monarchische Concentration ihrer Kräfte als besonders

mächtig hervor Frankreich und Spanien; beide trafen in Italien
auf einander, und es entspann sich zwischen ihnen jener lange,
heftige Kampf, der das 16. Jahrhundert erfüllte. Da wendete
man jene Idee und das Bild des Gleichgewichts auf das Verhältniss zwischen der habsburgischen und französischen Macht
an; man hielt es für dringend nöthig, dass beide sich das
Gleichgewicht hielten, damit keine zu hoch stiege und der
Freiheit der anderen Länder bedrohlich erscheinen könnte;
England besonders, das damals unter den Tudors ebenfalls einen
monarchischen Aufschwung genommen hatte, fand sein Interesse
darin, keins von beiden Reichen so mächtig werden zu lassen,
dass es ihm selbst gefährlich werden könnte, und so, von beiden gesucht, besondern Einfluss auf die Geschicke Europas zu
gewinnen. Ich erinnere hierbei nur an das Bild im Zelte bei
Guines,.das einen Spanier und einen Franzosen im Streite dar-
stellte, daneben einen englischen Bogenschützen, mit der Aufschrift:
„cui adhaereo, praeest". So wendete man auf dieses politische
Verhältniss die mathematisch-mechanische Anschauung an, dass
jene beiden Mächte gleichsam die beiden Schalen einer Wage
seien, England die Zunge, der Erhalter des Gleichgewichts.
  Und so wurde es besonders gerühmt an Elisabeth, dass
sie dies richtig erkannt und zum Hauptziel ihrer Regierung
den Kampf gegen das übermächtige Spanien gemacht habe, das
damals die Freiheit aller andern Nationen zu gefährden schien [7].
Diesen Gesichtspunkt finden wir auch in der Schrift des Herzogs von Rohan: „Trutina Statuum Europae" [8]); da heisst es, in
Europa seien zwei Mächte, die habsburgische und französische,
hervorragend, und mit Rücksicht darauf werden dann die andern Mächte Europas durchgegangen, was einer jeden ,ratio
status' erfordere; von England wird da gesagt, dies sei eigentlich nur durch Rücksicht auf seinen Handel genöthigt, um die
andern Staaten sich zu kümmern, denn auf diesem nur beruhe
seine Wohlfahrt; Elisabeth habe so die einzig für England rich-
tige Politik verfolgt, indem sie den Kampf gegen Spanien als
ihre Hauptaufgabe betrachtete, und zwar besonders um dessen
Macht in Indien zu beschränken, zum Vortheil für den Handel
ihrer Unterthanen, die sie zugleich durch die steten Seekriege

tüchtiger gemacht. Wir sehen hier also doch schon eine greif-
bare Vorstellung für jene Gleichgewichtsidee, dass England aus
Rücksicht für sein materielles Wohl diese Politik verfolgen
müsse.

Doch Spanien vermochte sich auf dieser Höhe der Macht
nicht lange zu halten; es sank tiefer und tiefer; dagegen immer
höher erhob sich Frankreich unter Ludwig XIV.; daher schie-
nen jetzt die übrigen Mächte in Europa die Pflicht zu haben,
diesem gegenüber zu treten und den gefährlichen, ihre Freiheit
bedrohenden Anwachs seiner Macht zu verhindern; ganz besonders aber erschien es als die Pflicht Englands, seinem alten
Berufe getreu, das zu tiefe Sinken der einen Schale zu hindern.
So wurde es immer Karl II. als das grösste Vergehen an
seinem Volke angerechnet, dass er diesem Princip zuwider sich
meist eng an Ludwig XIV. anschloss; darum feierte und feiert
man so die Triple-Allianz von 1668, weil diese wirklich gegen
Frankreichs Uebermacht gerichtet schien, während in der Tnat
sie doch ganz der sonstigen Politik Karls II. gemäss nur im
französischen Interesse lag⁹). Als dann Wilhelm von Oranien
den englischen Thron bestiegen hatte und nun seinen ganzen
Eifer, seine ganze Kraft auf Kampf gegen Frankreich richtete,
da schien es Allen, endlich sei England zu seiner einzig rich-
tigen Politik zurückgekehrt, Wilhelm pries man als den Erhalter des europäischen Gleichgewichts, den Befreier Europas von
der drohenden französischen Uebermacht.

In einer späteren Schrift, die diese Idee vom Gleichgewicht
bekämpft, wird geradezu gesagt, dass dieser Idee eigentlich
Wilhelm III. erst wirklich Eingang verschafft habe, während
man früher davon noch nicht viel gewusst habe¹⁰).

Wenn es nun zunächst darauf ankommt, zu sehen, wie man
in der Zeit Wilhelms III. selbst diese Idee aufgefasst und aus-
gedrückt habe, so wird das nächste Hilfsmittel sein, dass wir
bei Verträgen, welche die Aufrechterhaltung jener Gleichgewichts-
Idee zum Zweck gehabt haben sollen, nachsehen, wie denn
eigentlich der officielle Ausdruck dafür war; ferner etwa in
englischen Parlaments-Berichten und sonstigen Aeusserungen
des englischen Volkes zu erfahren suchen, wie dieses, oder doch

wenigstens der politisch bedeutende Theil desselben, dieselbe auffasste, endlich Wilhelm III. selbst darüber zu vernehmen suchen.

Dasjenige Bündniss, welches immer als die Seele aller Kämpfe gegen Frankreichs Uebermacht galt, war das sogenannte „grosse", das magnum foedus, wie es später immer genannt wurde, das ursprünglich zwischen Kaiser Leopold II. und den Generalstaaten geschlossen war[11]); da heisst es, die Contrahenten hätten sich verbündet, „perpendentes communis periculi post novissimam invasionem Gallicam Rei publicae Christianae impendentis magnitudinem"; ein Separatartikel spricht von dem Anspruch Ludwigs XIV. auf Spanien: „quantam Status publici collisionem et quantum praejudicium publicae rei et tranquillitati . . . afferat."

Der Traité d'Amitié et d'Alliance entre Guilleaume III. . . et Mssrs. les Etats Généraux vom August 1689 führt als Zweck an: „Afin de pouvoir mieux parvenir à une Paix juste et raisonable, qui pourrait établir le repos et la tranquillité de l'Europe"[12]). Dieselben Worte finden sich auch in dem zwischen beiden zur Aufrechterhaltung der Handelssperre gegen Frankreich geschlossenen Traité et convention, Whitehall den 12/22. August 1689.

In seiner Accession zu dem oben erwähnten Magnum foedus (Hamptoncourt den 20. December 1689) sagt Wilhelm: „Nos, quibus nihil magis cordi est, quam eas omnes rationes amplecti, quae necessariae maximeque utiles sint, tam reducendae quam conservandae paci et securitati publicae[13])."

Ferner in der Convention zur Abschliessung einer Triple-Allianz zwischen England, Schweden und den Generalstaaten (Haag den 4/14. Mai 1689) heisst es: „Scopus huius triplicis foederis erit . . . . Pacis et Tranquillitatis contra quamcunque oppressionem in Europa assertio et conservatio[14])." Endlich wollen wir hier noch eingehen auf das grosse Bündniss zwischen den Seemächten und Oestreich, das den spanischen Erbfolgekrieg durchgeführt hat, das letzte grosse Werk Wilhelms III., das also seine Gedanken, die Gründe zum grossen Kampf gegen Frankreich am vollständigsten enthalten muss, soweit man sie eben bei solchen Gelegenheiten überhaupt auszusprechen pflegt. Da werden also als Motive für den Widerstand, den man gegen Spaniens Verbindung mit Frankreich leisten müsse, angeführt [15]):

1. England und die Niederlande würden den freien Handel und die Seefahrt im Mittelmeer, in den Indien und anderswo gänzlich verlieren (funditus periturum).

2. Die Niederlande würden die Barriere gegen Frankreich einbüssen.

3. Frankreich und Spanien, so vereinigt, würden bald Allen furchtbar sein und die Herrschaft über ganz Europa sich leicht aneignen.

Es wird im weitern Fortgang immer hervorgehoben die Rücksicht auf Handel und Seefahrt der Engländer und Holländer, und schliesslich gesagt, es solle nicht eher Friede geschlossen werden, als bis mit den sichersten Maassregeln dafür gesorgt ist .... „speciatim ne Galli unquam in possessionem Indiarum juris Hispanici veniant, neque ipsis ibidem navigatio mercaturae exercendae causa, sub quocunque praetextu directe vel indirecte permittatur et denique nisi pacta pro subditis Regis Magnae Brittanniae et Foederati Belgii facultate plena utendi et fruendi omnibus eisdem Privilegiis juribusque, immunitatibus et libertatibus commerciorum terra marique in Hispania, mari Mediterraneo et in omnibus terris et locis, quae Rex Hispaniarum postremo defunctus tempore mortis, tam in Europa quam alibi possedit, quibus tunc fruebantur et utebantur vel quibus amborum vel singulorum subditi jure ante obitum dicti Regis Hispaniarum quaesito, per tractatus per pacta conventa vel per alium quemcunque modum uti et frui poterant".

Diese Beispiele halten wir für genügend, um die Behauptung zu stützen, dass in den diplomatischen Actenstücken jener Zeit der Ausdruck „das Gleichgewicht Europas" selten oder nie vorkommt, sondern dass sie dafür immer Ausdrücke wie „Ruhe und Freiheit, Erhaltung des Friedens" u. a. wählen; und besonders in dem zuletzt angeführten Actenstück bezeichnen doch die Seemächte deutlich genug den eigentlichen Zweck und die Motive, die sie zu dem Kampfe gegen Frankreich geführt haben. Wir müssen allerdings uns hüten, auf jene Ergebnisse zu viel Gewicht zu legen; denn es versteht sich ja von selbst, dass man in derartigen Actenstücken die leitenden Motive so ausdrücklich und abstract nicht bezeichnen wird; dennoch gewährt eine, derartige Betrachtung immer einigen Nutzen, da auch die diplomatischen Formeln nicht ohne Bedeutung sind und wichtige Aufschlüsse zu geben vermögen. Wir werden nun noch sehen, dass auch Wilhelm selbst jenen Ausdruck nicht braucht, um Grund und Ziel seines Ringens gegen Ludwig XIV. zu bezeichnen.

Diesen Nachweis aber wollen wir verbinden mit einer kurzen Darstellung der politischen Stellung Wilhelms III. im Fortgange der Ereignisse, um eine trockne Zusammenstellung einzelner Aeusserungen zu vermeiden und zugleich für die weitere Untersuchung eine Grundlage zu gewinnen.

Wie wir schon oben erwähnt, war Wilhelm recht eigentlich ein geborner Gegner Ludwigs XIV.; es war diejenige Partei, die sich ganz auf diesen stützte und die, zum Theil wenigstens, in dessen Solde stand, welche die Würden und Aemter, die seine Vorfahren in schwerem Kampf für Freiheit und Wohl der Niederlande erworben hatten, ihm zu entreissen suchte, welche seine Güter verwaltete und für sich ausbeutete, welche seine Jugend auf alle Weise verbitterte und freudelos machte. Er wird es nicht leicht vergessen haben, wie er, als diese Leute ihm seinen geliebten Freund und Erzieher, Zuylestein, nahmen, wohl erkennend, wer eigentlich der Urheber all' dieser Maassregeln sei, den französischen Gesandten flehentlich bat, bei seinem Herrn sich für ihn zu verwenden, aber abgewiesen wurde. Man findet einen Brief von ihm, den er später an die Staaten von Seeland richtete, als diese bei Gelegenheit der Anbietung der Souveränität von Geldern (1675) bittere Verdächtigungen gegen ihn und eine „monarchicale“ Regierung geschleudert hatten; da schildert er in heftiger, leidenschaftlicher Sprache das schändliche Verfahren jener Parteien gegen ihn, ihre Herrschsucht, ihren Eigennutz und dann ihre schmähliche verrätherische Feigheit beim Hereinbrechen der Gefahr [18]). Als dann Ludwig das durch Jener Schuld wehrlose Land im ersten Anlauf fast eroberte, da warf man jene Leute zu Boden, rief den Oranier als Retter herbei, und nun rang dieser mit aller Kraft gegen den übermächtigen Feind, und suchte die verzagten, schlaffen Holländer zu energischen Anstrengungen zu bewegen [17]). Als dann endlich der Friede geschlossen war, da regten sich wieder die alten Freunde Frankreichs, bewachten im engen Verein mit dem französischen Gesandten d'Avaux jeden Schritt Wilhelms, vereitelten seine Pläne und suchten sich besonders gegen eine Wehrhaftmachung des Landes, gegen Aushebung von Soldaten zu stemmen. Man muss d'Avaux' Berichte [18]) lesen, um einen Begriff zu bekommen von der entsetzlichen, peinlichen Stellung, die der Prinz da einnahm; wie ihm diese steten Intriguen das Leben verbitterten. Er strebte natürlich darnach, sein Land gegen Frankreich zu sichern, ihm Verbündete zu erwerben, zunächst England; aber d'Avaux war von jedem Schritt unterrichtet [19]); eine engere Verbindung mit England, zu der damals Carl II. wohl geneigt gewesen wäre, wurde zugleich durch Intriguen mit der parlamentarischen Opposition dort vereitelt. Es ist hier nicht der Ort, auf alle diese Verhandlungen und Zwistigkeiten, die stellenweise, besonders zwischen Amsterdam und dem Prinzen, einen sehr akuten Charakter annahmen, näher einzugehen, es sei nur noch bemerkt, dass man aus all diesem den Eindruck erhält, wie gut auch auf diesem Felde der Prinz zu kämpfen verstand, und dass schliesslich ihm denn doch der Sieg blieb, allerdings besonders befördert auch durch die Maassregeln Ludwigs gegen den Handel der Holländer und gegen die reformirte Religion, die seine Partei der Stütze beraubten und die Niederlande gänzlich in die Arme seiner Gegner trieben [20]).

Wir erwähnen hier noch zwei Aeusserungen Wilhelms über das Verhältniss zu Frankreich. So sagte er zu Will. Temple, als nach geschlossenem Frieden Karl II. allen möglichen Beistand versprach: wenn er dies früher gethan hätte, so hätte man Frankreich bringen können „en un état qu'elle aurait laissé le monde en Paix le reste de nos jours [21])". In einem Gespräch mit dem Kurbrandenburgschen Gesandten von Fuchs äusserte er, er selbst sei durchaus nicht etwa zum Kriege geneigt; aber

die Spanischen Niederlande seien für sein Land eine Vormauer,
die es unmöglich entbehren könne; man müsste blind sein, um
nicht zu sehen, dass Ludwig nach der Herrschaft über Europa
trachte oder wenigstens nach einer Macht, gross genug, um
willkürlich schalten zu können (1684)[12]).
Inzwischen reiften die Ereignisse, die ihn auf den englischen Thron brachten. Jakob II. regierte die Engländer so
willkürlich wie möglich, und sie hatten keine Waffe dagegen;
er bewies, wie man auch mit der magna charta und den Par-
lamenten absolutistisch herrschen könne, wenn man es verstehe:
da kam Wilhelm, die Aufforderungen einiger Unzufriedenen
zum Vorwand nehmend, mit einem tüchtigen, nur zum klein-
sten Theile aus Engländern bestehenden Heere hinüber; Jakob II., von seiner Armee im Stich gelassen, lief davon — das
war die „glorious revolution". Wilhelm wurde König von England, und jetzt konnte sein Kampf gegen Frankreich einen andern Maassstab annehmen. Ludwig XIV. sah dies auch sehr
gut ein; er hatte es nicht an Warnungen und Anerbietungen
fehlen lassen und beeilte sich nun, zunächst durch Unterstützung
der irländischen Erhebung Wilhelm die Hände zu binden.
Sehr scharf tritt die Gegenstellung gegen Ludwig hervor
in der Adresse, die Hampden (der jüngere) damals beantragte,
um den König zu einem Kriege gegen Frankreich des Beistan-
des seines Unterhauses zu versichern, die aber dann wegen der
Schärfe nicht angenommen wurde[22]). Da heisst es von Ludwig XIV.:
„der ohne Rücksicht auf Gerechtigkeit durch Trug und Gewalt
versucht hat, Europa einer willkürlichen und universalen Monarchie[14]) zu unterwerfen." Dann werden die Maassregeln gegen
den Handel vorgerückt und schliesslich die Hoffnung ausgesprochen, dass mit Gottes Hülfe werde ein Ziel gesetzt werden
dieser stets wachsenden Grösse des französischen Königs, die
die ganze Christenheit mit nichts Geringerem als vollständiger
Sklaverei bedrohe . ., und dass ganz Europa .... ewig den
König Wilhelm III. feiern werde „als den grossen Schutz der
Gerechtigkeit und Freiheit und den Gegner und Vernichter
aller Gewaltsamkeit, Grausamkeit und Willkürgewalt"[25]). Die
andere Adresse, die dann angenommen wurde, drückt sich viel

gemässigter aus; sie ermahnt den König, Anstalten zu treffen,
„um den französischen König in einen solchen Zustand zu bringen, dass es künftighin nicht mehr in seiner Macht stehe, den
Frieden der Christenheit zu verletzen oder Handel und Wohl-
fahrt der Unterthanen des Königs zu schädigen." Wilhelm selbst versicherte, dass die kräftigere Fortführung
des Kampfes gegen Frankreich für ihn ein gewichtiges Motiv
gewesen sei zu der Unternehmung nach England; so als er
1691 im Januar nach Holland kam und nach feierlichem Ein-
zug im Haag an die 'hooge Kollegien' eine Ansprache hielt[18]).
Da sagte er, nicht „aus übermässiger Hoffärtigkeit"[19]) habe er
die englische Krone angenommen, sondern um des Wohles
Englands willen, und um den Bundesgenossen, vor allen den
Staaten, wirksamer gegen die französische Uebermacht beistehen
zu können, und wenn er nicht durch die irischen Unruhen ver-
hindert worden wäre, hätte er schon früher den Kampf energisch begonnen; er schloss mit der Hoffnung, dass die Vorsehung ihn als Werkzeug gebrauchen werde, um den Frieden
in Europa zu sichern; darnach wolle er ruhig sein Haupt nie-
derlegen. Und im Congress der Verbündeten, der sich damals
um ihn, als den Vorkämpfer gegen Frankreich, im Haag versammelte, sagte er[20]), nachdem er die Mängel der bisherigen
Kriegführung berührt: Energie sei nothwendig, um den Erobe-
rungen des Feindes ein Ziel zu setzen und seinen Händen die
Freiheit Europas zu entringen, die er schon unter so hartem
Joche hätte; er selbst sei zu allen Opfern bereit für solch einen
„gerechten und nothwendigen Plan".

Wir verfolgen hier natürlich den Verlauf des Krieges nicht
weiter und wollen nur noch einige Auslassungen des Parlaments
und des Königs über unsern Gegenstand anführen, die während
dieser Zeit erfolgten. Am 8. October 1690 wurde im Unterhause eine Adresse
beantragt[29]), in der Dank ausgesprochen wurde, „dass Wilhelm
den Gefahren des Krieges und der Seefahrt dies kostbare Leben ausgesetzt, von dem das gesammte protestantische Interesse
und die gemeine Freiheit von Europa so durchaus abhänge[30])."
Wilhelms Thronrede vom 21. October 1691[31]) fordert zu er-

neuten grossen Leistungen und Opfern auf; denn jetzt sei eine
Gelegenheit, die möglicher Weise nie wiederkehren werde, um
nicht nur England zu sichern, sondern „Friede und Sicherheit
von ganz Europa" [12]).

Die auf diese antwortende Adresse der Gemeinen nennt
Ludwig den „common oppressor" und dankt Wilhelm für seine
Mühe, die er auf sich nehme: „für das Heil seines Volkes und
das gemeinsame Interesse der Christenheit". Die Thronrede
vom 4. November 1692 [13]) redet von dem Kampf gegen die
„übermässige Macht Frankreichs" [14]), während die beantwortende
Adresse von dem König sagt, dass er aufrecht erhalte „the li-
berties of Europe [15])."

Aehnlich sind immer die Ausdrücke, die Richtung und
Ziele des Kampfes ausdrücken; besonders häufig findet man
noch: „the safety of England and the peace of Christendom".
Den Ausdruck „das Gleichgewicht von Europa" finde ich in
allen diesen Kundgebungen, soweit ich sie übersehen kann, nur
einmal: in der Adresse, welche die Freude ausdrückt über den
geschlossenen Frieden (vom 7. Dezember 1697), wo es heisst,
Wilhelm habe England die Ehre wiedererworben, „das Gleichgewicht Europas zu erhalten" [16]).

Wir wissen, dieser Friede von Ryswik war nicht danach
angethan, Europa die Beruhigung zu gewähren, dass es nun in
Zukunft vor den Gefahren, die von der übergrossen Macht
Frankreichs drohten, sicher sein werde. Allein sofort drang
jetzt in England der Ruf nach Verringerung der Lasten, Auflösung des Heeres immer mehr hervor; eifersüchtig wachte das
Parlament über seine Befugnisse und verbitterte Wilhelms Tage
durch ewige kleine Angriffe und Streitigkeiten. Und doch wurde
die Wetterwolke, die schon so lange unheilverkündend über
Europa schwebte, immer deutlicher und deutlicher; die Frage
der spanischen Succession musste bald zur Entscheidung kommen, denn der letzte Habsburger hatte keine Erben und bald
musste sein Ende nahen. Und gegenüber dieser Frage musste
nun Wilhelm sehen, dass er auf Unterstützung seines Parlaments nicht rechnen könnte, ehe nicht die Gefahr für England
ganz deutlich und greifbar würde. Oft genug spricht er dies

schmerzlich in seinen Briefen aus dieser Zeit aus, so in einem
an Heinsius ($\frac{28.\ \text{Februar}}{7.\ \text{März}}$ 1698)[17]): „Es ist sehr betrübend, dass
wir keine Maassregeln treffen können, um gegen eine unerwartete Ueberraschung uns sicher zu stellen, nämlich im Fall der
König von Spanien plötzlich sterben sollte. Das ist der Punkt,
der mich am meisten beunruhigt, dass „dies seltsame Vorgehen
des Parlaments mich des Vermögens beraubt[18]), irgend etwas
für die gemeinsame Sicherheit zu thun, so dass ich eigentlich
gar nicht weiss, ob es räthlich ist, mich in einen neuen Garantie- oder Bündniss-Vertrag einzulassen."

Heinsius rieth an, für den schlimmsten Fall wenigstens
sich eine genügende Summe Geldes zur Verfügung zu halten;
darauf antwortete Wilhelm: „Das ist ohne Frage eine sehr
nützliche und nothwendige Vorsichtsmassregel, allein der Stand
der Dinge ist hier gegenwärtig derartig, dass es nicht nur für
mich unmöglich ist, solch' eine Anleihe zu machen, sondern
ich sehe noch gar nicht, wie ich im Stande sein werde, in diesem Jahre einige Schulden zu bezahlen, wie dringend nöthig
dies auch ist."

Ferner in einem Briefe an Portland (19/29. Mai 1698)[19])
klagt Wilhelm: „Wir sind gegenwärtig soweit entfernt, in einer
Lage zu sein, irgend eine Anstrengung zu machen, während
Frankreich auf jeden Zufall wohl vorbereitet ist, dass Ihr Euch
denken könnt, wie schmerzlich mir der Gedanke daran ist; besonders wenn ich die grosse Schwierigkeit betrachte, Mittel zu
finden, um unsere streitenden Interessen zu versöhnen; und da
Frankreich seine eigene Stärke und unsere Schwäche kennt, so
ist es nicht sehr wahrscheinlich, dass es aufgelegt sein wird,
irgend eine bedeutende Concession zu machen." Und so geht
die begründete Klage, dass er Frankreich gegenüber bei diesen
Unterhandlungen so sehr im Nachtheil sei, durch die ganzen
Briefe hindurch; er musste eben auf andere Art suchen, jener
drohenden Gefahr gegenüber sich so gut als möglich zu sichern;
er trat in die Verhandlungen mit Ludwig ein, die zu den beiden Theilungsverträgen führten. Ich gehe auf diese natürlich
hier nicht näher ein[20]), und begnüge mich, noch einige Aeus-

serungen Wilhelms hier beizubringen, die über sein Verhältniss zu Frankreich und zu der spanischen Succession Aufschluss geben können. Bekanntlich bestimmte der erste Tractat (11. October 1698), dass der Dauphin Neapel und Sicilien, ferner die zu Spanien gehörenden Inseln und Plätze an der toskanischen Küste, sowie Guiposcoa mit den Häfen bekommen sollte, der Erzherzog von Oesterreich dagegen nur Mailand; alles Uebrige sollte dem Kurprinzen von Bayern zufallen. Der zweite Tractat dagegen, nach dem Tode des Kurprinzen, bestimmte ($\frac{21.\ \text{Februar}}{3.\ \text{März}}$ 1700) dem Dauphin wiederum das, was ihm der erste zugesprochen hatte, und ausserdem Lothringen, dessen Herzog dafür Mailand bekommen sollte, wogegen Jener feierlich auf alle Rechte an die spanische Krone und die übrigen Besitzungen verzichtete; dies alles sollte auf Erzherzog Karl übergehen.

Wir sehen, in beiden Verträgen giebt Wilhelm den Franzosen die italienischen Besitzungen preis, während in beiden er dafür sorgt, dass die Niederlande nicht in ihre Hände kommen; denn dies war die erste Forderung, die Portland bei den Unterhandlungen laut werden lassen musste, dass zwischen Frankreich und den vereinigten Niederlanden eine Barriere sei [11]); die zweite war dann sofort: Sicherung des englischen Handels, etwa durch Abtretung westindischer Besitzungen oder doch wenigstens der Plätze an der Nordküste von Afrika, „um den Handel im Mittelmeer zu sichern". In dieser Beziehung schreibt Wilhelm an Portland [12]) ($\frac{21.\ \text{März}}{1.\ \text{April}}$ 1698): „Unsere grösste Schwierigkeit ist, wie wir unsern Handel im Mittelmeer sichern können, und ob sie geneigt sein würden, mit uns in West-Indien eine Theilung zu machen oder wenigstens uns dort freien Handel zu gestatten. In Rücksicht auf die Niederlande würde es absolut nothwendig sein, dass die Barriere bedeutend erweitert werde ..... Wenn ich Dünkirchen bekommen könnte, würde das, denke ich, ein Mittel sein, zur Vereinigung zu kommen." So treten immer diese beiden als Hauptpunkte in den Verhandlungen hervor [13]); in dem Briefe an Portland vom $\frac{28.\ \text{März}}{7.\ \text{April}}$ 1698 [14]) heisst es: „Es ist absolut nothwendig, die Barriere für die Niederlande zu verstärken", und ferner: „in Rücksicht auf den Handel im Mittelmeer wird es verlangt werden müssen, Häfen auf der Küste der Berberei zu haben, z. B. Ceuta oder Oran, ebenso wie einige Häfen an der spanischen Küste, etwa Mahon auf der Insel Minorka; vielleicht sollten wir lieber das ganze Eiland haben, um des Hafens desto sicherer zu sein. Ebenso müssen wir einige Häfen in den Indien haben, die ich jetzt nicht näher specificiren kann . . . ."

Doch bald sah Wilhelm, wie er seine Forderungen herabstimmen müsse; auf die Sicherheitsplätze musste er bald verzichten; denn Ludwig erklärte, zwar durch Verträge gern alle mögliche Garantie bieten zu wollen, doch auf Plätze und Häfen hätten die Seemächte nicht den geringsten Anspruch [15]); und in England blieb man theilnahmlos; selbst als das Volk anfieng, die Gefahr zu bemerken, die auch ihm von der spanischen Succession drohte, wäre es doch höchstens bereit gewesen, für die Seemacht Lasten aufzubringen; Wilhelm sah keine Möglichkeit, auch nur die Niederlande zu decken. Ihm blieb schliesslich nur die Alternative, dass der Sohn des Dauphin entweder Spanien und Westindien oder Neapel und Sicilien bekäme; wir haben schon gesehen, dass die Verhandlungen nach langem Schwanken hin und her zu dem letzteren führten. Des Kurprinzen Tod durchkreuzte dann alle diese Abmachungen und man war genöthigt, neue Verhandlungen anzufangen, aus denen der zweite Theilungsvertrag hervorgieng, dessen wesentliche Bestimmungen wir schon oben kennen lernten.

Bekanntlich haben die Partitionsverträge in England eine ausserordentlich harte Beurtheilung erfahren; „selten hat ein Autor für sie auch nur eine schüchterne Vertheidigung gewagt" [16]). Anklagen wurden gegen die vornehmsten Rathgeber Wilhelms zu jener Zeit erhoben; gegen ihn selbst die heftigsten Vorwürfe gerichtet, dass er das Wohl seines Landes dabei schwer geschädigt habe. Der Beschluss des Unterhauses, durch welchen es die Anklage erhob gegen Portland [17]), gieng dahin, dass er, indem er den Theilungsvertrag verhandelt und abgeschlossen habe, der vernichtend sei für den Handel des

Landes und gefahrbringend für den Frieden von Europa, schuldig sei eines Staatsverbrechens und Vergehens (guilty of a high crime and misdemeanor). Die Lords erklärten etwas schonender, nachdem sie den Vertrag in Berathung gezogen, sie müssten Seiner Majestät demüthigst vorstellen, dass der Gegenstand des Vertrags „von sehr schlimmer Consequenz sei für den Frieden und die Sicherheit von Europa" [48]). Ein Mitglied des Unterhauses, Mr. Howe, nannte den Vertrag „einen verrätherischen" [49]). Man findet die schärfsten Angriffe ferner in Broschüren der damaligen Zeit, aus denen ich hier einige Stellen anführen will [50]).

So heisst es in einer, die den Titel führt: „Die Fabel vom Löwenantheil" [51]). . . . . „Dieser Vertrag, der jetzt das Aergerniss (the scandal) von ganz Europa geworden ist, ein Vertrag, der mit Recht genannt werden kann nicht nur eine Verschwörung gegen die Oesterreichische Familie, sondern gegen die Freiheiten der Christenheit, da er sichtbarlich darauf zielt, die Menschheit dem französischen Herrscherhause zu unterwerfen (inslave). Das ist der Plan dieses Vertrages, unregelmässig in jeder Beziehung, ungerecht seiner Grundlage nach und von der allergefährlichsten Consequenz für alle Souveraine, die Grund haben, die Kraft dieses Exempels zu fürchten. — Ich selbst kann nicht begreifen, dass ein so erleuchteter Fürst wie R— G— [52]) abweichen kann von dem Interesse seiner Krone sowohl wie von dem einer Republik, die ihm so ganz zugethan ist, um in eine so verderbliche Verbindung mit Frankreich sich einzulassen."

Eine andere Schrift: „Brief an einen Freund betreffend den Theilungsvertrag" [53]) sagt: „Ich habe keine Entschuldigung für unsern Hof, dass er den Franzosen vertraut oder sich in aufrichtiger Weise auf ihre Gesichtspunkte einlässt. Sollte ich denken müssen, der König sei wirklich fähig, sie zu lieben oder ihnen zu vertrauen: ich könnte nicht in meinem Herzen diejenige Anhänglichkeit und das Vertrauen aufrecht erhalten, die ich ihm schulde."

In noch einer anderen Brochüre [54]) findet man: „Ist nicht dieses Nachgeben, um den Kampf zu vermeiden, der wahre

Charakter eines Feiglings? Sicherlich! Nie handelte so ein Held, und nun soll es erzählt werden, dass unser Held, der Held des Zeitalters, der geborne Held und Beschützer nicht nur des Friedens, sondern des Gleichgewichts und der Freiheit von Europa, so gehandelt hätte?"

Wir sehen, der Vorwurf, der hier Wilhelm gemacht wird, ist also der, dass er sein Gleichgewichtssystem aufgegeben habe; wieder einmal einer der seltenen Fälle, wo wir in dieser Zeit diesen Ausdruck selbst treffen; denn sonst werden andere Gründe gegen ihn und seine Theilungsverträge ins Feld geführt, besonders der, den wir schon oben in jenem Beschluss des Unterhauses fanden, dass er die Wohlfahrt des englischen Volkes damit gefährdet, ihrem Handel zum Nachtheil verfahren habe. So heisst es, um nur dies eine Beispiel aus der Masse ähnlicher anzuführen — denn fast in allen diesen Brochüren wird auf diesen Punkt näher eingegangen — in der schon oben erwähnten „Fabel vom Löwenantheil"[51]); wenn Frankreich Neapel und Sicilien hätte, so würde auch das übrige Italien bald in seine Gewalt kommen, und es dann im Mittelmeer so furchtbar werden, dass keine andere Nation es wagen würde, dort ohne französische Erlaubniss sich zu zeigen[55]).

In der That wird man sich diesen Vorwürfen, dass Wilhelm das commercielle Interesse seines Landes hintenangesetzt habe, kaum anschliessen können; wir haben ja gesehen, wie er klagt, dass er durch sein Parlament in die Lage versetzt sei, durch Unterhandlungen mit Ludwig zu streiten, dass Ludwig durch seine Kriegsbereitschaft ihm so überlegen sei; und war es nicht besser für den englischen Handel, Süditalien an Frankreich abgetreten zu sehen, als Spanien oder West-Indien oder etwa gar die spanischen Niederlande!

Doch wir können wohl diese Sache hiermit lassen; denn, wie wir wissen, kam die Theilung nie zur Ausführung; und Wilhelm sah sich bald, der drohenden Aussicht gegenüber, dass die gesammte Monarchie Spaniens an Frankreich fiele; allerdings an Ludwigs zweiten Enkel; aber es war leicht zu sehen, dass dies, wenn man keinen ernstlichen Widerstand fand, blosse Aeusserlichkeit bleiben würde, dass es in der That in Zukunft

„keine Pyrenäen geben würde". Dieser Schritt Ludwigs, die
Annahme des Testaments, traf Wilhelm tief; er musste beken-
nen betrogen zu sein; doch er tröstete sich: wenn man auf
eines Mannes Wort und Treue sich nicht verlassen kann, so
könne man Jedermann leicht prellen[36]). Er hatte wirklich ge-
glaubt, nun den Rest seiner Tage in Ruhe zubringen zu können[37]); doch jetzt erhob er sich in seiner ganzen Energie, an-
fangs ohne irgend eine Unterstützung bei dem englischen oder
holländischen Volke oder ihren Vertretern zu finden, denen der
Frieden über alles gieng und die geneigt waren, Ludwigs Enkel als Beherrscher der ganzen spanischen Monarchie anzuer-
kennen. Allein allmählich kam doch die ungeheuere Gefahr,
die die Seemächte aus dieser engen Verbindung Frankreichs
mit Spanien treffen musste, mehr und mehr zum Verständniss,
und gerade das Volk selbst drängte in England das Parlament,
auf seine Stimme zu achten, für Religion und Sicherheit zu
sorgen, ihre vielen Adressen lieber in Bewilligungen zu ver-
wandeln und den König in den Stand zu setzen, seine Alliir-
ten kräftig zu unterstützen, ehe es zu spät sei[38]). Wilhelm
setzte seine ganze Energie ein, um ein grosses Bündniss gegen
Frankreich zu Stande zu bringen; er eilte nach dem Haag,
trieb die Generalstaaten zu energischem Handeln und brachte
auch schliesslich jenes grosse Bündniss zwischen dem Kaiser,
Holland und England zu Stande, von dem wir schon oben ge-
sprochen; der Tod Jakobs II. und die Anerkennung des Prätendenten durch Ludwig kam ihm zur Hülfe, indem er auch
die indifferenten Engländer aufschreckte; „es sei offenbar," so
hiess es in einer Adresse der City von London, „dass es Ludwigs Plan sei, so viel an ihm läge, den König zu entthronen,
die protestantische Religion auszurotten aus diesem Königreich,
ihre Freiheiten, ihr Eigenthum anzugreifen, für die König Wilhelm sein Leben gewagt"[39]). Unzählige andere Adressen spra-
chen dieselben Gefühle aus, und nun kam Wilhelm wieder zurück nach England, löste das Parlament auf, versammelte das
neue und hielt da seine letzte Thronrede[40]), in der er ihnen
die politische Lage, die Gefahren, die drohten, auseinander-
setzte; die Anerkennung des Prätendenten sei nicht nur die

höchste Schmach, ihm und dem Lande angethan, sondern gehe Jeden an, der ein Herz habe für die protestantische Religion und für Ruhe und Glück seines Vaterlandes. „Indem der französische König seinen Enkel auf den spanischen Thron setzt, ist er in der Lage, den Rest Europas zu überwältigen, wenn nicht schnelle und energische Mittel dagegen angewandt werden. Er ist dann der wirkliche Herr des gesammten spanischen Reiches, und das muss England so nahe und so empfindlich wie möglich berühren: in Rücksicht auf unsern Handel, der bald gefährdet sein wird in allen seinen Zweigen, in Rücksicht auf unsern Frieden und unsere Sicherheit daheim, die wir dann nicht lange mehr zu bewahren hoffen können und in Rücksicht auf den Antheil, den England nehmen soll an der Bewahrung der Freiheit Europas." So forderte er sie auf zu energischen Rüstungen und Anstrengungen und schloss: „Wenn ihr wirklich wünscht, England das Gleichgewicht Europas halten zu sehen und in Wahrheit das Haupt des protestantischen Wesens zu sein, so wird es sich in dieser gegenwärtigen Lage zeigen."

Es ist ein eigenthümlicher, fast erhebend zu nennender Anblick, da diesen Mann zu sehen, wie er alle Fäden der Politik in seiner Hand hält, wie er die Herrscher im Bündniss zu vereinigen sucht und dann wieder seine eigenen Unterthanen zur Energie, zum Opfermuth aufruft, wie er rüstet, wie er hin und her eilt, in der rauhesten Jahreszeit das stürmische Meer überschifft: und das alles, während seine stets so schwache Gesundheit mehr und mehr sinkt, während er seinem Freunde Portland erklärt, er fühle sich so schwach, dass er nicht erwarte, noch den folgenden Sommer zu erleben. Mit einem gewissen Neid blickte da wohl er, der nicht mehr diesen grossen Kampf, den er selbst vorbereitet, mitkämpfen wird, auf die jungen Helden, die sich damals auszuzeichnen anfiengen, wie auf den Prinzen Eugen, auf Karl XII. und sagt: „Es war doch schön, jung zu sein." Wir wissen, dass seine Ahnung eintraf, er starb mitten unter den Rüstungen und Vorbereitungen zu dem grossen Kampfe, der dann seinem alten Gegner so furchtbare Schläge versetzen sollte.

Blicken wir nun noch einmal zurück auf alle diese Kundgebungen und Aeusserungen über Zweck und Motiv des Kampfes gegen Frankreich, die wir im Vorhergehenden vorführten, so finden wir folgendes Ergebniss: Den Ausdruck „das Gleichgewicht von Europa" wählen die diplomatischen Actenstücke der Zeit fast nie, Wilhelm selbst nur einmal, soweit unsere Kenntniss reichte, ebenso selten seine Parlamente; auch die Schriften der Zeit, wenn sie im Allgemeinen, in abstracterer Weise die Ziele angeben, wählen meist Ausdrücke wie: „Friede und Sicherheit, Erhaltung der Ruhe und Vertheidigung der Freiheit von Europa". Immer aber, wenn deutlich und concret bezeichnet werden soll, was von Frankreichs grosser Macht und besonders von seiner Vereinigung mit Spanien gefürchtet wird, so wird als der Hauptgesichtspunkt hervorgehoben die Rücksicht auf das materielle Wohl, auf den Handel.

Aber inwiefern hatte da England Ursache, für denselben zu fürchten, und welchen Einfluss musste die Rücksicht darauf auf Wilhelms Politik üben? Diese Fragen sollen uns jetzt beschäftigen.

II. Capitel.
Englands Handel und das Gleichgewichtssystem.

Bevor ich auf dieses Gebiet eingehe, sei mir gestattet, Einiges über die Quellen und Hülfsmittel, die mir dabei zu Gebote standen, leider meist bedauernd und entschuldigend, zu sagen. Denn verhältnissmässig nur wenige Schriften aus jener Zeit waren mir zugänglich; zunächst Brochüren, die in der oben schon erwähnten Sammlung der State Tracts abgedruckt sind; und gerade in dieser Zeit herrschte in England, ebenso wie in den Niederlanden auf dem Gebiete der Nationalökonomie und handelspolitischen Litteratur ein reges Leben[1]); wir nennen hier nur Josiah Child, Dudley North, Petty und ganz besonders Charles Davenant, dessen Schriften gerade diesen Zeitraum (von 1695—1712) umfassen; er war geb. 1656 und war in späterer Zeit Inspector general of the exports and imports; seine zahlreichen Schriften, die besonders Geschichte und

Statistik des Handels, Finanzwissenschaft, auch innere Politik behandeln, sind 1771 von Lord Whitworth herausgegeben⁴²).

Nachdem auf der Berliner Bibliothek, wo die meisten dieser Werke nicht vorhanden sind, jene Schätze mir verschlossen geblieben waren, bot mir die erwünschte Ergänzung die Göttinger Universitäts-Bibliothek, aus der ich besonders Davenant, dann J. Child, Tho. Mun u. A. benutzen konnte. Wo diese zeitgenössischen Quellen nicht ausreichten, musste ich mich begnügen, aus spätern Schriftstellern zu schöpfen, von denen ich natürlich, wo es angieng, immer die der Zeit nach um nächsten stehenden wählte; diese werden an ihrem Orte angeführt werden.

Ohne weiter auf die frühere Geschichte des englischen Handels einzugehen, will ich hier nur noch an die Zeit der Republik erinnern, wo Cromwell demselben einen so gewaltigen Aufschwung gab. Damals waren die Holländer fast ganz noch Herrn des Handels, von den 20,000 Kauffahrern der Zeit waren, wie Colbert sagt, 16,000 holländische; so richtete sich nun England, das seiner grösseren Kraft sich wohl bewusst war, gegen diese, um ihre Seemacht zu vernichten und ihren Handel so des sichern Anhalts und Schutzes zu berauben; das englische Volk legte sich selbst die Navigationsacte auf, um sich zu zwingen, selbst Schiffe zu bauen, seine Bedürfnisse auf englischen Schiffen mit englischer Bemannung sich zu verschaffen, englische Matrosen auf den Kauffahrern heranzuziehen. Vielfach hat man in neuerer Zeit dies Gesetz getadelt, das allerdings von den Grundsätzen der Freihandelslehre weit genug abweicht; aber man kann doch kaum seine Bewunderung versagen, wenn man sieht, wie hier sich ein Volk selbst seine liebsten Bedürfnisse vertheuert, oder sogar sie sich zeitweise ganz versagt, um im Handel auf die eigenen Füsse sich zu stellen und nicht mehr von den Nachbarn abhängig zu sein. Und wer wollte behaupten, dass England sich seine maritime Stellung trotz der Navigationsacte erworben! Es folgte dann der Seekrieg mit Holland, welcher der Seemacht desselben gewaltige Schläge versetzte, wenn es auch im Handel den Engländern vorläufig noch weit überlegen blieb; aber es war vor-

auszusehen, dass, wenn es erst durch England zu einer Seemacht zweiten Ranges herabgedrückt sein würde, es bald auch
ein Handelsvolk zweiten Ranges werden müsse. Karl II., der
sich ja sonst weiter nicht viel um das Beste seines Landes
kümmerte, folgte doch hierin Cromwells Spuren; er bestätigte
feierlich die Navigationsacte und fuhr fort, seine Hauptfeinde
in den Holländern zu sehen, wozu allerdings auch persönliche
Abneigung viel beitrug; damals wandte man auf Holland das
Wort an: delenda est Carthago, erklärte, die Englische Nation
könne niemals einen Zweig ihres Handels ruhig betreiben, so
lange die Holländer noch ein Fischerboot auf den Ocean oder
einen Kauffahrer nach West-Indien sendeten[11]). Doch die Macht
des Capitals und der Besitz sicherte noch lange Holland den
Vorrang vor England. Die besten englischen Schriftsteller dieser Zeit, die sich mit derartigen Gegenständen beschäftigten,
wurden nicht müde, immer wieder auf dieses Uebergewicht
Hollands hinzuweisen, die Ursachen desselben zu ergründen
und die Einrichtungen der Holländer ihren Landsleuten zur
Nachahmung zu empfehlen. Ich nenne hier Sir Josiah Child,
der besonders in den ersten Abschnitten seines 'New Discourse
of Trade' (1693) diese Aufgabe verfolgt, ferner auch Davenant
besonders in den Discourses on the public Revenues and on
the Trade of England (1698) — Works ed. Whitworth, Vol. I,
p. 127 ff.

Es nahm nun aber in dieser Periode von der Restau-
ration bis zur zweiten Revolution der englische Handel stetig
bedeutend zu. Der Zollertrag von Ende Juli 1660 bis Ende
September 1661 war gewesen £ 421,582, in einem Jahre 361,356,
in den nächsten 4 Jahren durchschnittlich £ 506,774; indem
er dann, wohl in Folge der Pest und des Londoner Brandes
wieder sank, stieg er im Jahre 1668 auf £ 626,998, von 1675
bis 1680 betrug er durchschnittlich jährlich £ 640,231, dann
bis 1685 £ 722,933, endlich in den drei folgenden Jahren bis
1688 £ 615,874[14]). Nach Davenants[15]) Angaben will ich hier
noch den Belauf des Exports und Imports in dieser Periode
anführen; es war im Jahre:

1662—1663 der Import £ 4,016,019, der Export £ 2,022,812,
1668—1669 „   „   „ 4,196,193, „   „   „ 2,063,274.

Die Revolution, die England sogleich in einen Krieg mit
Frankreich verwickelte, bewirkte zunächst ein Sinken des Handelsverkehrs, so dass zwischen 1688 und 1696 der Tonnengehalt der ausfahrenden englischen Schiffe fiel von 190,553 auf
91,767 tons, der fremden einlaufenden von 95,267 auf 83,024
und der Werth des officiell angegebenen Exports von £ 4,086,087
auf 2,729,620, also auf ungefähr ein Drittel[46]). Freilich nahm
dafür die Industrie zu, da viele Manufacturwaaren, die man
sonst aus Frankreich bezog, nun anders beschafft werden mussten, besonders Glas, Leinen, Papier u. a. Davenant in seinen
Discursen on the public revenues and on the trade in England
(1698)[47]) giebt einen Ueberblick über den grossen Schaden,
den England während des Krieges in seinem auswärtigen Handel erlitten: der Nordische und Baltische Handel, der immer
unvortheilhaft gewesen[48]), aber sonst doch wenigstens an 100
Segel beschäftigt habe, beschäftige jetzt kaum 5 Schiffe; in
Afrika haben die Franzosen unsere Plätze und Forts zerstört,
was zum Theil die Amerikanischen Colonien veranlasst hat,
ihren Bedarf an Negern von Fremden zu entnehmen; die westindischen Colonien seien entvölkert, theilweise abgefallen und
theilweise von den Franzosen ruinirt. Ebenso habe aber der
ostindische Handel gelitten und zwar besonders durch die von
den westindischen Häfen ausgehenden Piraten ...[49]). Trotz-
dem aber sei nicht zu verzweifeln und Gutes für die Zukunft
zu hoffen, denn die grossen Ausgaben des Krieges bewiesen
ja schon die innere Kraft des Volkes; das Vermögen (stock)
sei unzweifelhaft noch so gross wie 1688; es sei keine Ver-
theuerung der Lebensmittel eingetreten und die Anzahl tüchtiger Seeleute habe der Krieg ungemein vermehrt; aber was
die Hauptsache sei, die Manufacturen und die heimische Pro-
duction ständen noch auf derselben Höhe wie vor dem Kriege."
Andere Stimmen hingegen damals, wie Mr. Pollexfen, Mitglied
des Board of trade[70]), meinten, der Krieg habe soviel Capital
verschlungen, dass es kaum möglich sein werde, die Verluste
wieder gut zu machen. Allein sofort nach dem Kriege nahm
der englische Handel wieder einen kräftigen Aufschwung, der
Tonnengehalt der englischen Schiffe, die nach auswärts fuhren,

stieg 1697 wieder auf 144,264, der ausländischen, die einliefen, auf 100,524, der Werth des Exports auf £ 3,425,907 [71]).

Eine Durchschnittsrechnung auf die drei letzten Jahre Wilhelms III. 1699—1701 ergiebt den Werth des jährlichen Exports auf £ 6,709,881, auf Schiffen von 337,328 Tonnen, und davon waren jetzt 293,703 englische und 43,625 fremde. In fünf Friedensjahren hatte sich der Werth des Exports mehr als verdoppelt, der Tonnengehalt der englischen Kauffahrtei mehr als vervierfacht [72]).

Diese Zahlen bedürfen keines weiteren Commentars; gehen wir jetzt dazu über, die einzelnen Gebiete und Zweige des englischen Handels, soweit die Hülfsmittel ausreichen, durchzugehen, und zwar, wo es möglich ist, für diese letzten Friedensjahre Wilhelms III.; wo die Angaben fehlen, müssen wir durch Schlüsse uns zu helfen suchen. So werden wir eine Grundlage gewinnen, um dann erkennen zu können, inwiefern Frankreichs Uebermacht und seine Vereinigung mit Spanien dem Handel und damit dem Wohlstand Englands Gefahr drohte.

Wir beginnen mit demjenigen Handelsgebiet, das gewöhnlich das 'Northern and Baltic' genannt wird, das ist Russland (Archangel), Norwegen und Schweden, dann die Ostsee mit allen daran liegenden Ländern, endlich auch Dänemark mit seinen Pertinenzien. Dies Gebiet lieferte für die Engländer die zum Betreiben ihres Handels nothwendigsten Materialien, das Schiffbauholz sowie die übrigen Gegenstände zur Ausrüstung [73]) (naval stores).

In diesem Handelsgebiet aber standen die Engländer nur in zweiter Linie; hier herrschten die Holländer, die hieher brachten Wein, Branntwein, Salz, meist aus Frankreich, während die Engländer ihre Waaren dort sich meist gegen Geld kaufen mussten. Auch in Archangel, wo sie ja früher den Alleinhandel hatten, wurden sie von den schlauen Holländern zurückgedrängt; 1669 war dort nur ein englisches Schiff und erst in den letzten Jahren des Jahrhunderts fieng der Handel Englands dorthin an, wieder etwas aufzublühen [74]). Nach Anderson [75]) war in den Jahren 1598—1701 der Import von Dänemark und Norwegen durchschnittlich 76,215 £, der Export nur

39,543, aus dem Ostseegebiet die Importe £ 181,296, die Exporte dahin 199,893; die Importe aus Russland 112,252, die Exporte dahin 58,834; bei Schweden endlich sind die Zahlen 212,094 und 57,566.

Aus Deutschland bezog England als Hauptartikel Leinen, besonders von Hamburg aus, wogegen es dahin ausser ost- und westindischen Waaren besonders Tuche brachte[76]). Auch dieser Handel war nicht sehr bedeutend; nach Davenant betrug der Export dahin jährlich durchschnittlich 658,591 £, der Import von dort 677,721[77]), und dieser bemerkt, dass dies Ergebniss unbedeutend sei aus einem so weiten und volkreichen Lande; er erklärt dies dadurch, dass die Holländer — die bei ihm überhaupt an Allem Schuld sind[78]) — den Zwischenhandel hätten und deutsche Leinen als ihre eigenen nach England, englische Tuche nach Deutschland brächten. Man sieht also auch hier, wie sehr noch die Holländer den Engländern in der Gewandtheit und besonders im Çapitalbesitz überlegen waren.

Der Handelsverkehr mit Holland zeigt nun natürlich ganz andere Zahlen. Davenant[79]) giebt für die 7 Jahre 1699—1705 als Durchschnittszahlen an für den Export 1,937,234 £, für den Import 549,832 £. Es war eine natürliche Folge der Navigationsacte, dass der Handel mit Holland sinken oder doch nur wenig steigen musste; und so ist er denn auch in der Zeit von 1668—1703 nur von £ 501,674 auf 522,413 gewachsen, wogegen der Ueberschuss des Exports über den Import in dieser Zeit ca. £ 1,500,000 betrug. Unter den Exportartikeln nehmen die Wollenwaaren, auf die wir später noch kommen, den ersten Platz ein (1703 1,339,526), ausserdem wurden viele ostindische und Colonialwaaren reexportirt (1703 für 345,647 £), importirt von dort besonders Leinen, Seide, Zwirn, daneben Rheinweine, Specereien etc. Die Grösse der Exporte erklärt sich natürlich daraus, dass Holland sehr viel, besonders Tuche, reexportirte.

Der Handel mit Frankreich wurde damals von den Engländern immer als besonders übel und verderblich angesehen[80]); denn dies bringe nach England nur unnütze Dinge, die zur Steigerung des Luxus dienten, während es die werthvollen Roh-

stoffe Englands zu sich importire, wogegen durch das Colbert'-
sche Prohibitivsystem den englischen Tuchen u. s. w. der Markt
verschlossen war; dazu kam dann die nationale Antipathie und
die steten Kriege mit Frankreich; so kam es, dass schon in
früheren Jahren mehrfach Gesetze durchgegangen waren, die
jeglichen Handelsverkehr mit Frankreich auf das Strengste ver-
boten, so 1678 [11]) eines, das natürlich nicht genau befolgt wurde;
dann 1685 war das Verbot zurückgenommen, doch die Zölle
auf Manufacturwaaren, besonders Tuche verdoppelt. 1685—86
wurde der gesammte Import aus Frankreich berechnet auf
£ 1,712,559, der Export auf nur 515,228 [12]).

Die nun folgenden Länder des südlichen Europas waren
für England ausserordentlich wichtig als Markt für seine Manufacturwaaren, besonders Tuche; Spanien noch speciell dadurch,
dass es die feine Wolle lieferte, die den Engländern für ihre
Wollenfabrikation unentbehrlich war; ausserdem holte man daher Weine, Südfrüchte u. a. dergl. 1698 wurde von Spanien
importirt für £ 354,164, exportirt für £ 580,499, und diese
Zahlen stiegen im nächsten Jahre noch bedeutend (1700 545,056
und 610,912), worauf nach 1701 natürlich der Verkehr ziemlich aufhörte [13]). Von Portugal kam im Jahre 1698 für 155,310 £,
der Export war £ 365,251.

In Italien war damals der bedeutendste Handelsplatz Li-
vorno; von dort kam noch besonders Seide, während der Export besonders in Manufacturwaaren bestand. Die Zahlen stellen sich hier 1698 für den Import 162,624 £ und 82,011 für
den Export.

Als besonderes Handelsgebiet sah man Venedig an, dass
besonders für englische Manufacturwaaren und Eisen ein guter
Markt war.

Sehr vortheilhaft und wichtig war ferner der Handel mit
der Türkei, die Rohstoffe lieferte und Manufacturen empfieng,
was ja nach den Begriffen des Mercantilsystems das Ideal eines
wünschenswerthen Handels war. Die Zahlen für Import und
Export waren 1698 £ 162,037 und 172,049, im Jahre 1700
303,072 und 238,450. Da wir auf die Wichtigkeit dieser Han-

delsgebiete noch zurückkommen, so gehen wir nun weiter zu dem Welthandel im eigentlichen Sinne.

Der Afrikanische Handel wurde bis 1697 von einer Compagnie betrieben, seitdem von Jedem, der an diese eine geringe Vergütigung zahlte; er bestand hauptsächlich in dem abscheulichen Negerhandel, den damals die Engländer, im Gegensatz zu später, fast ausschliesslich in Händen hatten und der ausserordentlich gewinnbringend war; von England aus war der Verkehr nicht bedeutend, doch wurde viel als Tauschmittel für die Neger exportirt, 1701 für 155,793 £. Nach Davenant war die Auflösung der Compagnie Schuld daran, dass dieser ganze so vortheilhafte Handelszweig stetig sank, in der 1709 erschienenen Schrift: Reflections upon the Constitution and Management of the African Trade schildert er eingehend die Geschichte und den damaligen Zustand dieses Handels, um die Nothwendigkeit der Herstellung einer geschlossenen Compagnie hervorzuheben (Works ed. Whitworth, Vol. V, p. 77 ff.).

Der ostindische Handel war ganz in der Hand der Compagnie, neben der auf kurze Zeit in diesen Jahren eine zweite entstand, die sich aber mit der älteren bald verschmolz. Dieser Handel war damals, wo die Holländer in jenem Gebiet noch Alles beherrschten, kaum ein Schatten des spätern; im Ganzen werden 60 Schiffe, aber sehr grosse, als von beiden Compagnien beschäftigt angegeben; aber der Verkehr wuchs mit Riesenschritten. Nach Whitworth war der Import 1697 £ 262,837, 1698 356,509, 1699 717,695, 1700 787,731; Davenant hat dem ostindischen Handel eine seiner ersten Schriften gewidmet, in welcher er besonders hervorhebt, welch' eine unerschöpfliche Quelle des Reichthums man in diesem noch den Holländern überlasse[14]), den damaligen Zustand des englisch-ostindischen Handels stellt er in folgenden Zahlen dar:

In England consumirt . . . . £ 200,000
Reexportirt nach dem übrigen Europa . . . £ 800,000

Summa £ 1,000,000

Davon Abzug für das nach Ost-Indien exportirte Edelmetall . . . . £ 400,000

Englands Reingewinn . . . . £ 600,000

— 30 —

(Essay on the East-India Trade, 1697, Works I, p. 92.) Eingeführt wurden ausser den Specereien, Rohseide u. s. f. auch viele Stoffe, Calicos und Musseline [44]), die dann weiter nach der Türkei, Frankreich, Italien giengen, über welche Concurrenz die englischen Fabrikanten bitter klagten.

Die ostasiatischen Gebiete China, Japan fieng man damals eben erst an, in den Kreis des Handelsverkehrs zu ziehen, die Holländer waren dort noch Alleinherrscher.

Aus den englischen Colonien in Nordamerika (den „plantations") bezog man viele gewinnbringende Artikel, so besonders Tabak von Virginien, von dem in den Jahren 1700—1709 jährlich durchschnittlich 28,858,666 Pfund importirt wurde, wovon dann wieder reexportirt wurden 17,598,007 Pfund, nach Holland allein 7,651,157. Der westindische Handel brachte Zucker, Rum, Syrup und verschaffte den englischen Manufacturwaaren guten Absatz. Den Hauptgewinn aber brachte dort neben dem Negerhandel der ausgedehnte Schmuggelhandel nach den spanischen Besitzungen, auf den später noch näher einzugehen sein wird. Im Ganzen beschäftigte der Handel nach den „plantations" und West-Indien jährlich ungefähr 500 Segel [45]), der Import nach England aus all diesen Colonien betrug 1698 etwas über, der Export von dort etwas unter 1 Million [47] [48]).

Nachdem wir so vom englischen Handelsverkehr in Wilhelms III. Zeit ein ungefähres Bild zu geben versucht, wollen wir jetzt näher eingehen auf die Frage, was nun also die Engländer mit Rücksicht hierauf von den Franzosen zu fürchten hatten, wenn Frankreich noch die ganze spanische Monarchie eng mit sich vereinigte.

Eine ausführliche Antwort giebt nun gleich eine Brochüre, die im Jahre 1701 in England erschien. Leider war es, da sie mir nur in der Sammlung der State tracts vorlag, gänzlich unmöglich, über ihren Ursprung zu irgend einem Anhaltspunkt zu gelangen; jedenfalls scheint mir klar, dass derselbe in den leitenden Kreisen zu suchen ist, und offenbar der Zweck verfolgt wird, die noch indifferenten Engländer, die da dachten, auf ihrer Insel vor Ludwigs Macht, und wenn sie noch so gross würde, sicher genug zu sein, aufzuschrecken durch Hinweisung auf die Gefahr, die ihrem Handel, ihrem Geldbeutel drohte. Ihr Titel ist: The duke of Anjou's succession, as to its legality and consequences[19]), und wir werden oft Gelegenheit haben, auf sie in der nun folgenden Darlegung zurückzukommen, die in der That die meisten der Punkte, auf die es hier ankommt, wohl erkannt und gewürdigt hat. Ludwig XIV. hatte doch schon genugsam gezeigt, wie grosse Aufmerksamkeit er dem Handel und Allem, was dazu gehört, schenke, so dass es wohl kaum Jemand unklar bleiben konnte, dass er den Vortheil, den jene Verbindung mit Spanien seinem Lande in dieser Beziehung bot, genau erkennen und vollständig ausnützen werde. Im Jahre 1700 hatte er ein conseil de commerce errichtet[20]); in Frankreich wurden Compagnien errichtet für den Handel mit Spanien und seinen Colonien[21]) und schon über eine enge commercielle Verbindung beider Länder unterhandelt, die Auflagen auf die von Spanien eingeführten Waaren sollten aufgehoben werden; man hörte in England, die Häfen des spanischen Amerika sollten für Engländer und Holländer geschlossen werden, und nur für Franzosen offen bleiben. In einer seiner ersten Instructionen spricht Ludwig davon, dass es „le bien de son royaume (scil. du roi d'Espagne) demandera un jour, qu'il prenne des mesures pour exclure le Anglais et Hollandais du commerce des Indes.“

Gewiss, das musste zunächst Jeder voraussehen, dass Ludwig, der seine Energie und Rücksichtslosigkeit doch genugsam bewiesen hatte, sofort in West-Indien einschreiten und dem ausgedehnten Schmuggelhandel dort ein schnelles Ende bereiten würde. Dieser war nun in der That eine der besten Gewinnquellen für die Engländer[22]). Da fuhren denn die Schmuggler am Ufer langsam entlang und gaben Zeichen, worauf dann die Einwohner kamen, schnell kauften und dann eilten, das Erworbene in Sicherheit zu bringen[23]). In Vera Cruz war gestattet, dass ein Englisches Schiff verkaufen dürfe, worauf die Engländer allerdings immer nur ein Schiff vor den Hafen legten, das sie aber durch andere immer wieder füllen liessen. Der Hauptstapelplatz für diesen Handel war Jamaica, das eigentlich nur deshalb in den Augen der Engländer damals Wichtigkeit hatte; als Hülfspunkte für diesen Verkehr dienten dann die kleinen Inseln Barbadoes, Antigua, Providence u. s. w., wie Jamaica früher Zufluchtsorte und Stationen für das so ausserordentlich wohl organisirte und mächtige Piraten- und Schmuggelsystem der Flibustier, das früher eine so starke Waffe gegen Spanien in den Händen Englands gewesen war; doch da die eigentliche Blüthezeit derselben schon vor der uns hier beschäftigenden Periode vorbei war, gehen wir auf diese interessanten Verhätnisse nicht näher ein[94]). Jamaica war in dieser Zeit ein ausserordentlich wichtiger Platz, wohin Leute aller Nationen zusammenströmten, wo Schiffe und Schaluppen aller Art den Hafen belebten. Dorthin nun wurde eine verhältnissmässig sehr grosse Quantität von englischen Producten besonders der Wollenmanufactur gebracht, ausser von London namentlich auch von Bristol aus, dem Stapelplatz für diese Art Waaren, vielleicht mehr als nach allen übrigen Colonien in Amerika zusammengenommen[95]). Natürlich sah Jeder sofort, dass die Bevölkerung von Jamaika nicht im Stande sei, diese Vorräthe zu verbrauchen[96]), sondern dass diese eben bestimmt waren, in die spanischen Besitzungen eingeschmuggelt zu werden. Einer der klügsten Kaufleute jener Zeit, William Paterson[97]), derselbe, der seinen Namen auch durch die Gründung der Bank von England verewigt hat, hatte schon lange diese Verhältnisse ins Auge gefasst, und darauf seinen in der That genialen Plan der Darien-Compagnie gebaut. Er hatte in diesen Gegenden lange Jahre gelebt und selbst sich an dem Schmuggelhandel betheiligt und hatte erkannt, dass ein entschlossenes Festsetzen hier in der That von den gewaltigsten Erfolgen begleitet sein könne. Auf der schmalen Landenge von Panama sollte der Grundstein gelegt werden, durch eine von Schottland ausgehende, aber allen Nationen, allen Religionen gleiche Berechtigung gewährende Ansiedlung. Auch hatte dieser Punkt schon vorher die Aufmerksamkeit der englischen Regierung auf sich gezogen; es war ein Seemann, Capitain Long, hingesandt worden, um die Verhältnisse, die Oertlichkeit näher zu untersuchen[98]).

Man glaubte dem ganzen Welthandel eine andere Gestalt geben zu können; den Weg nach dem östlichen Asien wollte

man abkürzen, auch den ganzen ostindischen Handel diesen
Weg nehmen lassen. Ein unerhörter Enthusiasmus herrschte
in Schottland für diese neue Unternehmung, die unzweifelhaft
grossen Gewinn und Ruhm zu versprechen schien. Der Neid
und die Missgunst der Engländer liess das ganze Unternehmen
scheitern; Wilhelm III. konnte in jener Zeit der Unterhandlungen mit Ludwig es nicht erwünscht sein, diesen argwöhnisch
zu machen und Spanien zu verletzen, welches sich nominell ja
als Besitzer aller jener Gegenden betrachtete; so liess er die
Sache fallen, erklärte, er sei, als er die Acte bestätigt habe,
„ill served" gewesen; die englischen Beamten waren feindlich,
und so misslang die Sache vollständig, nicht ohne in Schottland einen gewaltigen Sturm des Unwillens hervorzurufen, von
dem man sogar eine Zeit lang bewaffneten Conflict fürchtete.

Ich muss mir versagen, auf diesen merkwürdigen Gegenstand, der damals das grösste Interesse erregte, eine Menge von
Schriften für und wider veranlasste**), hier näher einzugehen;
nur erwähnen will ich noch, dass später, als man den Ausbruch
der Feindseligkeiten gegen Frankreich voraussah, diese Projecte
noch einmal wieder auftauchten; Paterson war damals wieder
in Wilhelms Vertrauen, das er übrigens nie verloren zu haben
scheint; von ihm erschien damals eine Brochüre über Errich-
tung eines Handelsrathes¹⁰⁰), die später meist seinem in der
Folge berühmt oder berüchtigt gewordenen Landsmann John
Law zugeschrieben wurde, die in einem Appell an Wilhelm
und die englische Nation jetzt die Entschädigung fordert für
den zugefügten Schaden. Zurückkommend auf das alte Project,
entwarf jetzt Paterson einen neuen Plan, den er in einem Me-
morandum Wilhelm vorlegte¹⁰¹). Er stellt darin dar die grosse
Wichtigkeit, die Westindien für Englands Handel und Industrie
habe; nur in Folge des fehlerhaften Verfahrens (mismanage-
ments) der Spanier sei es bis jetzt geschehen, dass auch andere Völker ausser diesen dabei gewonnen; was werde nun erfolgen, wenn jene Länder in die Hände Frankreichs kommen?
„Was hat die Welt nicht zu fürchten, wenn sich Frankreichs
Volksmenge, seine Kunstfertigkeit und Gewerkthätigkeit, seine
blühende Schifffahrt verbinden mit den besten und vortheilhaf-

testen Mitteln, sie anzuwenden, die jetzt noch in den Händen
der Spanier sind." Weiterhin schildert er dann mit den leb-
haftesten Farben den Reichthum und die Wichtigkeit dieser
Besitzungen, die zwei Drittel von dem hervorgebracht hätten,
was beide Indien der Christenheit geliefert; ihre Producte seien
die gesuchtesten und geläufigsten (the most staple and currents
of all others); in der Hand aber eines Volkes wie das englische
oder holländische würden sie das Dreifache producirt haben;
man müsse so es eine Fügung der göttlichen Vorsehung nennen, dass die Spanier so habgierig, intolerant und unfähig waren, sonst hätten sie Alles unterjocht, während nun die Reich-
thümer Westindiens nur zu ihrem Ruin beigetragen hätten. Bis
jetzt haben die Staatsmänner die gewaltige Gefahr noch nicht
berücksichtigt, die darin lag, dass Spanien einst einen andern
Weg einschlagen könnte; nun aber hat die drohende Gefahr
der Vereinigung mit Frankreich sie aufgeschreckt, und nun fan-
gen sie an, sich auch mit solchen Gegenständen wie Handel,
Entdeckungen eingehend zu beschäftigen. Er schildert begeistert
die Wichtigkeit eines solchen Studiums für den Staat, wobei
er übrigens immer die Grundsätze der möglichsten Freiheit ver-
theidigt und sich damit hoch über die Anschauungen seiner
Zeit erhebt. Man wird dann endlich die ungeheuren Gefahren
erkennen und sehen, was Europa und insonderheit sein handel-
treibender Theil erwarten muss, „wenn die Staatsmänner so ge-
fühllos und thöricht sind, zuzugeben, dass das Haus Bourbon
mit der Goldgrube der Welt das Schwert Frankreichs vereinigt" [102]). Er empfiehlt dann energische Aufnahme jener Colo-
nisationsprojecte, und schildert die segensreichen Folgen, die
dann erblühen werden, dass England als das Emporium Europas dastehen und König Wilhelm in den Stand gesetzt werden
wird, wirklich das Gleichgewicht zu halten und den Frieden
zu bewahren [103]).

Paterson soll selbst auch mit Wilhelm III. eine Unterredung
gehabt und ihm vorgestellt haben, dass, um die spanische Monarchie sicher zu stellen vor Frankreich, man mit West-Indien
anfangen müsse; denn sonst habe ja Ludwig die ganzen Schätze
dieser Länder zur Verfügung.

Jene selben Gedanken finden wir auch in der oben erwähnten Brochüre über die Succession des Herzogs von Anjou (Note 20), wo es ebenfalls heisst: „Was hat nicht die Welt zu fürchten von den gewaltigen Schätzen der Indien neben einer so furchtbaren Macht in Europa unter diesem Fürsten [104]). Ferner glaubte man, nun fürchten zu müssen, dass der so gewinnbringende Negerhandel nach jenen spanischen Besitzungen aufhören und auf die Franzosen übergehen würde; in der That wurde ja schon am 27. August 1701 zu Madrid der sogenannte Assiento-Vertrag geschlossen, nach welchem jener Handel an die französische Guinea-Compagnie überlassen wurde [105]).

Und was liessen sich nicht fernerhin für Folgen erwarten, wenn Ludwig im Besitz jener reichsten Gebiete der Welt, deren Ertrag er durch rationelle Verwaltung gewiss im bedeutendsten Maasse steigern würde, wäre, er, der so schon mit Bestechungen so viel zu erreichen verstand. Zunächst würde er die englischen Besitzungen in West-Indien bedrohen, dann weiterhin die plantations in Nord-Amerika, die ja schon durch Canada immer gefährdet seien. Und was würde mit diesem für ein Gewinn für England verloren gehen! Den Vortheil bei dem Export dorthin hatte Davenant auf £ 600,000 berechnet; den Ertrag der Bearbeitung jener Länder veranschlagte man auf mindestens £ 1,600,000 jährlich. „Und dies", so heisst es in jener Brochüre über die Succession des Herzogs von Anjou, „ist genügend, um zu zeigen, dass, wenn diese Colonien uns zerstört werden, oder wir, in Folge einer Eroberung derselben durch Spanier und Franzosen des Handels dorthin beraubt werden, dies ein Verlust für England sein werde, wie er niemals wieder gut gemacht werden könnte. 200,000 Landsleute würden dann dem Untergange geweiht oder doch dem Religionseifer der Katholiken überlassen! Und woher sollte England jene nothwendigsten Bedürfnisse, die es jetzt von dort bezieht, sich verschaffen: Tabak, Zucker, Baumwolle, Ingwer, Jamaica-Pfeffer, Farbehölzer, Indigo, Cacao, Mastbäume, Pelzwerk, Fische von Neufundland?"

Zugleich aber würde, wenn England ein solches Absatzgebiet verlöre, seine Industrie, besonders die Wollmanufactur,

3*

einen bedeutenden Stoss erhalten haben. Dies bringt uns auf
einen zweiten Punkt von grösster Wichtigkeit. Die Wollmanufactur war zu jener Zeit weitaus der wich-
tigste Factor des englischen Gewerbelebens; die Spuren derselben lassen sich natürlich bis ins graueste celtische Alterthum
hinauf verfolgen, wie dies bei mehreren englischen Schriftstellern damaliger Zeit zu finden; eine bedeutendere Stelle im
Handel nimmt sie aber doch erst seit Mitte des 14. Jahrhunderts ein. Schafwolle war immer ein Hauptproduct Englands
gewesen; sie bildete in früherer Zeit fast den einzigen Exportartikel, indem sie in grossen Massen nach den Niederlanden
ausgeführt wurde, wo dann die fleissigen Flamänder sie zu
Tuchen verarbeitete, mit denen sie fast die ganze civilisirte
Welt versorgten. Der gute Preis, den diese den Engländern
bezahlten, war natürlich ein Antrieb, auf die Schafzucht immer
mehr Sorge zu verwenden, so dass die Wollproduction gewaltige Dimensionen annahm; die Ausfuhr derselben, besonders
nach Antwerpen, bedeckte das Meer mit Schiffen und betrug
alle Jahr 25 Millionen Pfund (Gewicht) [106].

In London und Southampton sah man oft eine Flotte von
50, 60, ja 100 Schiffen auf einmal auslaufen, deren ganze Ladung aus Wolle bestand; fast alles baare Geld, das in England
umlief, floss aus dem Verkauf der Wolle an die Niederländer.

Inzwischen erkannte man aber doch in England, unter
Eduards III. langer Regierung, welch' grössern Gewinn man
haben würde, wenn man die Wolle im Lande selbst verarbeitete, und so gab man sich alle mögliche Mühe, durch Prämien
und Privilegien Flamänder hinüberzulocken, damit von ihnen
die Engländer diese Fabrikation lernen könnten [107]; man legte
so den Grund zu dieser Fabrikation, die, wie Anderson sagt,
besonders England gebracht hat zu seiner gegenwärtigen Grösse
und Macht [108]. Das Parlament wetteiferte darin mit dem Könige und erliess Gesetze, um die Manufactur zu heben [109]; ja
man versuchte sogar schon im Jahre 1337 eine Prohibition der
Wollenausfuhr, die aber natürlich noch nicht durchgeführt werden könnte; die Ausfuhrzölle aber auf Wolle, die zu den ältesten gehörten (antiqua costuma), wurden immer mehr erhöht;

unter Eduard III. betrugen sie im Jahre 1339 schon 10 Procent, 40 Schilling pro Sack Wolle und sie stiegen nun schnell immer höher, 1399 schon 1 £ 10 sh. für einheimische, 3 £ für fremde Kaufleute [110]).

Bald veranlassten die vielen Unruhen und inneren Zwistigkeiten in den Niederlanden zahlreiche Auswanderungen nach England [111]), so besonders 1382 nach einem Aufruhr in Löwen; als dann später unter den Spaniern auch religiöser Zwang eintrat, besonders unter Albas Schreckensherrschaft, wurde diese natürlich immer bedeutender und die Tuchwirkerei in England wuchs dadurch. Die Maassregeln zum Schutze dieser Manufactur giengen nun nach dem herrschenden Mercantilsystem immer weiter, und auch unter Wilhelm III. war sie ein Gegenstand mannichfacher gesetzlicher Maassregeln. So passirte gleich nach der Revolution eine Acte, welche die früheren Gesetze gegen die Ausfuhr des Rohmaterials verschärfte [112]). 1698 beklagte sich das Parlament, dass trotz Allem die Ausfuhr dieses Artikels notorisch seinen Fortgang nehme zum grossen Nachtheil für Handel und Manufactur Englands. Eine Acte des folgenden Jahres besagte [113]), „dass Wolle und Wollenmanufacte (cloth, serge, baise, kersey) und andere Stoffe, gemacht oder gemischt mit Wolle die grössten und vortheilhaftesten Erzeugnisse dieses Königreichs sind, von denen der Werth des Grundbesitzes und der Handel des Landes hauptsächlich abhängt"; sie macht darauf aufmerksam, dass die Wollproduction in Ireland und den plantations immer mehr zunehme; dass aber von dort zum Nachtheil Englands viel Wolle heimlich ausgeführt werde, daher dort die strengsten Ausfuhrverbote gegen Export aus den Colonien nach andern Ländern als nach England [114]). Endlich in der folgenden Session gieng man ganz zum Schutzzollsystem über; es wurden alle Ausfuhrzölle von heimischen Wollfabrikaten aufgehoben: denn Reichthum und Wohlfahrt dieses Königreichs hänge im höchsten Grade ab von der Zunahme der Wollmanufactur und dem gewinnbringenden Handel, der durch den Export derselben aufrecht erhalten werde [115]). 1688 wurde der Werth der gesammten Wollenausfuhr veranschlagt auf 2 Millionen £, abgesehen von der heimischen Consumption, die viel weniger betrug [116]). Nach einem Bericht des Geheimen Raths, den er aus den Angaben der Fabrikanten schöpfte, wurde exportirt für £ 2,371,942, zu Hause consumirt nur für £ 901,759. Nach officiellen Quellen giebt ferner Chalmers den Durchschnittswerth der Wollenwaarenausfuhr für die Zeit 1600—1700 auf £ 2,561,615 an (für die Jahre 1769—71 £ 4,323,4691) [117]). Aehnliche Angaben finden wir bei Davenant [118]), der berechnete, dass im Jahre 1699 der gesammte Export Englands sich belief auf £ 6,788,166, der Export der Wollenfabrikate allein auf £ 2,932,929, also näher an $\frac{1}{2}$ als $\frac{1}{3}$ des Ganzen! Derselbe schätzt den Werth der jährlich in England producirten Wolle auf 2 Millionen £, durch die Fabrikation steige dieser auf 8 Millionen, von denen 2 Millionen durchschnittlich jährlich exportirt werden, $\frac{1}{4}$ des gesammten Exports [119]).

Hierbei fällt nun noch ein Punkt ins Gewicht; nämlich dass die englische Tuchmanufactur nicht allein englische Wolle verbrauchte, sondern für die einigermassen feineren Tuche auch feinere, besonders spanische, die entweder allein oder gemischt mit der englischen verarbeitet wurde, und wie viel Mühe man sich auch gab, man konnte dies nicht vermeiden; die spanische Wolle blieb unumgänglich nothwendig und unentbehrlich. Schon Eduard III., der, wie wir gesehen, eigentlich der Begründer dieses ganzen Fabrikationszweiges war, trat mit König Alfons von Castilien in Verbindung, um diesen zu veranlassen, seine Kaufleute nach englischen Häfen fahren zu lassen, wo er ihnen die beste Behandlung verspricht, und Anderson, bei dem diese Notiz steht, fügt hinzu, dass sich dies nur auf die spanische Wolle bezogen habe [120]). In den meisten Brochüren wird dieser Punkt stark betont; ich will hier noch zwei Zeugnisse anführen, von denen das eine etwas vor, das andere bedeutend hinter der hier behandelten Periode liegt.

Als man im Jahre 1673 über die Bewilligungen, die Karl II. zu seinem Kriege gegen Spanien verlangte, im Unterhause verhandelte, sagte in der Debatte vom 31. October 1673 Sir Eliab Hervey [121]): Gebt jetzt Geld und ihr vernichtet den Reichthum der Nation, die Wolle; mit Spanien in Feindseligkeit verlieren wir den besten Handel, den wir haben. Er habe früher 100 Ar-

beiter bei der Wollenmanufactur beschäftigt und könne jetzt
keinen Einzigen beschäftigen. „Wollt ihr die Wollenmanufactur
in Frankreich etabliren?" ruft er dem Parlamente zu.

Im Anfange dieses Jahrhunderts fieng man an, die Ein-
fuhr der fremden Wolle, die bis dahin ganz frei gewesen, zu
besteuern, 1819 wurde diese Steuer noch erhöht, und da sah
man nun, dass die fremde Wolle noch durchaus nöthig war für
die Tuchfabrikation. Damals sagte vor dem Comitee des Ober-
hauses Mr. Gott aus Leeds, einer der grössten Fabrikanten in
diesem Geschäftszweige, aus: Er könne in einer gewissen Sorte
von Tuch keinen Artikel fabriciren, der verkäuflich sein würde,
besonders für den fremden Markt, aber auch für den heimischen,
ausser aus fremder Wolle [122]).
Zu jener Zeit Wilhelms III. bekam man nun aber fremde
Wolle ausschliesslich von Spanien, besonders von Bilbao aus,
nur manchmal und in unbedeutenden Quantitäten bekam man
etwas aus Nord-Afrika [123]). Wenn wir nun also wieder zurück-
kehren zu der Frage, was denn nun von Frankreich zu fürchten war, so ist zunächst offenbar, dass, sowie dies Gewalt haben würde über Spanien, oder sowie ein energischer, den englischen Interessen abgeneigter König Spaniens Regierung in die
Hand nehmen würde, dieser Ausfuhr von Wolle daher werde
bald ein Ende gemacht werden; dass ferner Frankreich es sich
angelegen sein lassen werde, die Verarbeitung dieses gewinnbringenden Materials seiner Manufactur zuzuwenden, die so
schon, zu der Engländer grösstem Aerger, auch in der Tuchwirkerei diesen bedeutende Concurrenz machten, indem die
Wolle dazu besonders auch durch Schmuggel von Ireland her
eingeführt wurde [124]).
Oder aber, wenn Spanien eine tüchtige Regierung bekäme,
würde man dort selbst anfangen, Fabriken dafür anzulegen und
noch gefährlichere Concurrenz zu machen.
So heisst es in dem Complete English Trades man, der
allerdings zwanzig Jahre später erschienen ist [125]): „es ist zu
bedenken, dass, wenn die Spanier ein industriöses, betriebsames
Volk wären und irgend etwas verstünden von Fortschritt und
besonders vom Manufacturwesen, und sich selbst noch jene

Wolle aus der Berberei verschaffen und so wie es nöthig ist, gut mischen wollten, so würden sie eben so gute Manufactur-waaren produciren wie unser sogenanntes „Spanisch-Tuch"; allein sie haben weder die Geschicklichkeit noch den Fleiss dazu." Bedenken wir ferner, dass die bedeutendsten Absatzgebiete Englands für diese Tuche und auch für viele andere Fabrikate neben Hamburg und Holland besonders Italien und die Türkei, ferner auch Afrika und West-Indien waren, dass diese von Marseille, Malaga, Cadiz schneller und billiger versorgt werden konnten als von England aus, dass die Italienischen Häfen zum grossen Theil unter der Herrschaft der Spanier standen, dass endlich für den Schmuggelhandel nach dem spanischen Amerika ein schnelles Ende vorauszusehen war, so wird begreiflich, weshalb auf diesen Punkt Alle, welche die von Frankreichs wachsender Macht und der drohenden Verbindung mit den spanischen Besitzungen zu fürchtenden Gefahren recht deutlich machen wollten, das bedeutendste Gewicht legten.

Lassen wir einmal nackte Zahlen sprechen; so betrug im Jahre 1700 Englands gesammter Export ungefähr 7 Millionen £ [116]). Davon betrug der Export nach den Mittelmeerländern, Spanien und Portugal, Italien, Türkei allein: 1,785,292 £, der nach Afrika und den Inseln dort 232,560 £, nach den englischen Colonien in Amerika 1,785,292, zusammen über 3½ Million, also mehr als die Hälfte des gesammten Exports, und zwar diejenige, die fast nur aus Manufacturen, hauptsächlich aus Wollfabrikaten bestand. Und diesen Export musste man für gefährdet erachten: was sollte da aus England werden! „Wie sollen wir unsere Armen verwenden, sagt eine Brochüre der Zeit [117]), wenn die Manufactur verloren ist? Wie sollen wir unsern Handel fortsetzen, wenn ein so grosser Canal verstopft ist? Wie muss unsere Schifffahrt abnehmen, die, nächst Gott, unsere Sicherheit, unser Bollwerk ist! ... Frankreich wird zunehmen in Manufacturen, seinen erschöpften Schatz ergänzen, es wird Herr werden über den Reichthum beider Indien, und England und Holland müssen sinken in demselben Maasse, wie jenes sich erhebt."

Und vieles Andere wurde damals noch angeführt, was man

zu fürchten habe; wir heben hier nur noch die Gefahr hervor, die von den spanischen Niederlanden aus gedroht haben würde. Holland konnte sich kaum wehren; und da Ludwig schon versichert hatte, dass seine Hauptsorge sein werde, die spanische Monarchie wieder herzustellen zu der Höhe des Ruhmes und der Macht, die sie jemals eingenommen habe, so hatte er damit auch versprochen, die Holländer wieder zu unterwerfen [18]), und was sollte dann England machen, für dessen Politik es ja stets einer der wichtigsten Gesichtspunkte gewesen ist, zu verhüten, dass je in den Besitz einer fremden starken Macht die holländischen Häfen geriethen, von denen es am leichtesten eine Invasion befürchten zu müssen glaubte. Und selbst wenn dieser schlimmste Fall nicht eintrat, so war Ostende, Nieuwport in den Händen Frankreichs fähig, allen Handel Englands zu stören. Hätte sich wohl ferner Ludwig XIV. jene Sperrung gefallen lassen, durch die Antwerpen nun seit beinahe zwei Jahrhunderten aus einem der grössten Hafenplätze eine unbedeutende Stadt geworden war? und Antwerpen in den Händen einer energischen, mächtigen Regierung war fähig, allem Handel die erfolgreichste Concurrenz zu machen. Endlich, wenn Holland auch wirklich seine Selbstständigkeit bewahrte, so musste es doch vollständig von der französischen Handelspolitik abhängig werden; diese wurde somit auch in Ostindien mächtig, und England war in seinem letzten vortheilhaften Handelsgebiet bedroht [19]).

Dies Alles und noch Andres konnte man anführen und wurde angeführt; doch die wichtigsten Punkte glauben wir hier berührt zu haben. Was also vom Gesichtspunkte der materiellen Interessen aus England bewegen musste, der wachsenden Uebermacht Frankreichs und nun gar der engen Verbindung dieser gewaltigen, furchtbaren Macht mit dem Gebiet der grossen spanischen Monarchie energisch entgegenzutreten, war, um das Obengesagte kurz zu rekapituliren, Folgendes:

Man fürchtete Frankreichs Concurrenz in der wichtigsten Manufactur, welche durch die spanische Wolle, die ihm in Zukunft dann zu Gebote stand, so bedeutend erleichtert werden musste;

man fürchtete die Verschliessung des Absatzgebietes in Spanien, Italien und bald dann auch in Portugal, das dem Druck eines so mächtigen Nachbarn kaum lange widerstehen konnte; man fürchtete die Vernichtung des ganzen englischen Mittelmeerhandels durch übermässige Concurrenz, wenn nicht gar durch wirklichen Ausschluss vermittelst Schliessung der Meerenge von Gibraltar. Frankreich bekam dann dadurch auch alle jene Bezugsquellen von Rohseide in seine Hände und diese Fabrikation, die eben in England anfieng, einen erfreulichen Aufschwung zu nehmen [110]), fiel ihm ebenfalls ganz zu.

Mit Energie würde es in Westindien dem Schmuggelhandel der Engländer entgegentreten, den Negerhandel an sich reissen, den gesammten Verkehr nur Franzosen öffnen und die unermesslichen Schätze, die bei guter Verwaltung von dort fliessen mussten, zur Unterjochung aller Nationen in Europa zu verwenden im Stande sein.

Den Handel der englischen Colonien in Amerika mit dem Mutterlande würde es stören und schädigen, diese selbst mit Unterjochung bedrohen.

In Europa endlich mussten die spanischen Niederlande in den Händen Frankreichs eine stete Bedrohung sein für Englands Sicherheit, seinen Handel musste die übermächtige Concurrenz und die stete Beunruhigung aus den dortigen Häfen zu Grunde richten.

Mit einem Worte: Englands Bedeutung als Handelsmacht, die es kaum erst mit Anstrengung aller Kräfte sich errungen hatte, seine Fabrikation, seine ganze Wohlfahrt stand auf dem Spiele; darum musste es energisch den Kampf aufnehmen gegen Frankreich.

Es war die Absicht, die dieser Arbeit zu Grunde lag, die, nachzuweisen, einen wie grossen Einfluss in dieser Periode die Rücksicht auf das materielle Interesse der Völker auf die Politik der Staaten ausgeübt hat, eine wie grosse Rolle in der Gleichgewichtspolitik Englands Handel und Wandel spielte [111]). Gewiss hiesse es Wilhelms III. grossen Geist verkennen, wollte man sagen, dass nur durch die Rücksicht auf diese Interessen die Politik seines ganzen Lebens bestimmt sei; andere wich-

tige Gesichtspunkte, auf die wir hier nicht näher eingeben können, müssen hierbei in Betracht gezogen werden; hier genüge
es uns, durch die obige dürftige Zusammenstellung auf jene
.Seite, die oft nicht genügend beachtet wird, aufmerksam gemacht zu haben.

Hinweisen will ich hier nur noch darauf, dass in der spätern englischen Geschichte eigentlich bis auf den heutigen Tag
die Aufrechterhaltung des europäischen Gleichgewichts officiell
als Ziel der Politik Englands bezeichnet wurde, wie denn ja
die jährliche Bewilligung der Armee immer mit dem Zusatz
ausgesprochen wurde, dass sie für jenen Zweck verwandt werde.

Wenn ich hiermit nun diese Arbeit schliesse, so kann ich
mir nicht versagen, eine angenehme Pflicht zu erfüllen, indem
ich Worte innigen Dankes ausspreche vor allem an Herrn Prof.
Droysen in Berlin, unter dessen Leitung ich meine histori-
schen Studien gemacht habe, auf dessen Anregung auch dieser
Aufsatz entstanden ist, ferner an Herrn Prof. Waitz in Göttingen, der mit Freundlichkeit und Nachsicht bei den schliess-
lichen Verbesserungen und Zusätzen mit seinem Rathe mich
leitete.

Anmerkungen.

1) Vergl. darüber die schwungvollen Worte Macaulay's in der history of England, III, p. 20 (Tauchn. ed. 1849).

2) Fragmente aus der neuesten Geschichte des politischen Gleichgewichts in Europa bei Weick, IV, S. 39 (Bluntschli u. Brater, Staatswörterbuch, IV, 350.)

3) I. M. Kahle, Commentatio juris publici de Trutina Europae, quae vulgo appellatur: Die Balance von Europa, praeciqua belli et pacis norma. Göttingen 1844.

4) Man vergleiche u. a. Guicciardini, storie d'Italia, der in der Einleitung zum ersten Buche sagt (Lorenzo di Medici): procurava con ogni studio, che le cose d'Italia se mantenessero in modo bilanciate, che piu in una altra parte non pendessero ...

5) J. G. Droysen, Vorlesungen über die neuere Geschichte von 1500 an, §. 5.

6) cf. u. a. Droysen, Gesch. der preussischen Politik, 2. Auflage, Leipzig 1868, I, S. 231. 247. Ranke, Deutsche Gesch. im Zeitalter der Ref., 4. Aufl., Leipzig 1867, I, p. 35.

7) So heisst es in Camden, History of the .... Princess Elisabeth, 3. ed., Lond. 1675, 4to, II, p. 223: Thus sate she as heroical Princess and Umpire betwixt the Spaniards, the French and the Estates, so as she might well have used that Saying of her father: Cui adhaereo, praeest ... And true it was, which one has written, that France and Spain are, as it were, the Scales in the Balance of Europe and England the tongue or the holder of the balance. — Ebenso Pufendorf (Friedr. Wilh. L. XIX, §. 84) (England): id sibi deinceps negotium datum credidit, aemulos populos Hispanos Gallosque aequilibrio temperare. Quo nomine superiore seculo insignem gloriam quaesivere Henricus VIII. et Elisabetha regina ... cf. ferner J. Welwood, Memoirs of the transactions ... --1688, Lond. 1700, p. 3.

8) Herausgegeben von J. Arnd, Güstrow 1665. Zuerst erschienen ist sie 1642, da gesagt wird: 14 Jahre nach Anfang des dreissigjährigen Krieges seien vergangen.

9) Es ist hier nicht der Platz, auf diesen Punkt näher einzugehen; doch glaube ich, es ist leicht nachzuweisen, dass Karl II. die Triple-Allianz nur geschlossen hat, um Frankreich Vorwand zu geben, mit dem verhassten Holland zu brechen.

10) J. H. G. v. Justi, die Chimäre des Gleichgewichts von Europa, Altona 1758, 4to, S. 23.

11) Dumont, Corps univ. diplomatique du Droit de Gens, T. VII, P. II, p. 229.

12) Dumont, a. a. O., S. 229.

13) Ebendaa.
14) Ebendaa.
15) Dumont, VIII, 1, p. 89 (Hagae Com. 7. Sept. 1701).
16) Wagenaar, Vaterlandsche historie, D. XIV, p. 361 ff.
17) Vergl. die Rede, die er in den Generalstaaten hielt (1672). —
Burnet, history of his own time, Lond. 1725—34, II, p. 565.
18) Négociations de Mr. le Comte d'Avaux (1679 — 1688), 6 T.,
Paris 1754, 8vo
19) D'Avaux, nég., I, p. 8 u. ö.
20) La prévention qu'ils avaient, qu'on voulait détruire leur religion et leur commerce, a eu plus de pouvoir sur leurs esprits, que
n'en a eu la crainte de la grande autorité du Prince d'Orange. D'Av.
VI, 158. cfr. fr. p. 14. 56. 90. 105. 122. 132. 134. 144. 150 u. ö.
21) Temple, W., Mémoires de ce qui s'est passé dans la Chré-
tienté dep. 1672—1679. A la Haye 1692, 8vo.
22) Wagenaar, Vaterl. hist. D. XV, p. 200.
23) Journals of the house of Commons, Vol. X, p. 94.
24) to an arbitrary and universal monarchy.
25) as the great maintainer of justice and liberty and the oppres
sor and overthrower of all violence, cruelty and arbitrary power.
26) Wagenaar, XVI, p. 140 ff. cf. Ralph, II, 264 f.
27) niet uit oonmatige staatzugt.
28) Wagenaar, a. a. O. — Arth Trevor, The life and times of
William III., Lond. 1835, 8vo., II, p. 142.
29) Journals of the H. of C., Vol. X, p. 208.
30) That invaluable life, upon which the whole Protestant interest
and the common liberty of Europe does so much depend.
31) Journals of the H. of C., X, 588.
32) the peace and security of all Europe.
33) Journals l. c. p. 698.
34) against the excessive power of France.
35) l. c. 698.
36) the honour of holding the balance of Europe.
37) Letters of William III. and Louis XIV. ... edited by P. Grimblot, 2 Vol, Lond. 1848, 8vo.
38) the strange proceedings put it out of my power.
39) bei Grimblot, I, 321.
40) S. dies. bei Grimblot und sonst vielfach.
41) S. den Bericht über Portlands Zusammenkunft mit Pomponne
bei Grimblot, I, 300.
42) Grimblot, I, 326.
43) Vergl. den Bericht Portlands an Wilhelm vom 2. April bei
Grimblot, I, 320 f.
44) Grimblot, I, 344.

45) Vergl. das Schreiben Ludwigs an Tallard v. 17. April 1698 — bei Grimblot, I, 390.

46) Macaulay, hist. of Engl, IX, 157.

47) den 1. April 1701 — Journals of the H of C., XIII, 465.

48) to the peace and safety of Europe. V. W. Belsham, Memoirs of the reign of king William III. and Queen Anne, 2 vols., London 1804, 8vo., II, p. 87.

49) Ebendas. — a felonious treaty.

50) In der Sammlung: A collection of State Tracts, publish'd on Occasion of the late Revolution in 1688 and during the Reign of William III., 3 vols., fol., Lond. 1705.

51) The Fable of the Lions Share, verified in the pretended Partition of the Spanish Monarchy (printed 1701), State tracts III, p. 132.

52) Natürlich Rex Guilielmus.

53) A Letter to a Friend, concern the Partition treaty, State Tracts III, 183. f.

54) An account of the Debate in Town. — Lettre III. Against the Partition treaty. State Tracts IIL

55) cfr. auch bei Ranke, Engl. Gesch. VI, 496.

56) We must confess we are dupes; but if ones werd and faith are not to be kept, it is easy to cheat any man. Bei Belsham, Memoirs II, p. 72.

57) cf. seine Rede in den Generalstaaten am 4. Juli 1701.

58) Die berühmte Kentish petition (8. Mai 1701).

59) Bei Trevor, Life of Will. III., II, 434.

60) Ebendas. II, 441.

61) S. darüber Et. Laspeyres, Gesch. der volkswirthschaftlichen Anschauungen der Niederländer etc., Leipzig 1863, 4to, S. 1, ferner Roscher, zur Geschichte der engl. Volkswirthschaftslehre.

62) The political and commercial works of that celebrated writer Charles D'Avenant, LL. D., collected and revised by Sir Charles Whitworth, M. P., Vol. 1—5, 8vo, London 1771.

63) Bei Wood, A survey of trade, second edition, London 1722. 8vo, p. 110.

64) G. L. Craik, History of British commerce, 3 vol., Lond. 1834, 8vo, II, 17. Uebereinstimmend im Allgemeinen sind die Resultate bei Anderson, An historical and chronological deduction of the origin of commerce, 4 vols., 4to, Lond. 1801, II, p. 579.

65) Davenant, Report to the Commissioners for stating the public accounts. — Works ed. Whitworth, Vol. V, p. 376.

66) G Chalmers, An estimate of the comparative strength of Great Britain, new ed., Lond. 1810, 8vo. Davenant kam durch Vergleichung des jährlichen Zollertrages auf dasselbe Ergebniss.

67) Werke herausg. von Whitworth, Vol. I, p. 127. f.

68) A. a. O. p. 397. Unvortheilhaft nennt Davenant diesen Handelszweig deshalb, weil er baares Geld aus England ziehe (drained us of money). Er ist sonst durchaus kein Anhänger der Lehre, dass Gold und Silber der einzige Schatz eines Volkes sei; er sagt an einer andern Stelle; Gold und Silber seien nur „the measure of trade", während der Handel selbst auf ganz anderem Grunde beruhe (in derselben Schrift Werke, Bd. I, S. 354).

69) Die sog. Flibustier und Bukanier.

70) Discourse on Trade, Coin and Paper Credit. S. Chalmers p. 72

71) Bei Craik a. a. O. S. 123.

72) Bei Craik, l. c. 123.

73) Vergl. über dieses Handelsgebiet und besonders über den wichtigen Holzhandel eine vor Kurzem erschienene Abhandlung: W. Pearson, Englands timber trade in the last of the 17th and first of the 18th century more especially with the Baltic Sea. In.-Diss. Göttingen 1869

74) Vgl. ferner: Ge. Anborn de Hartwiss, Précis historique conc· les époques principales du commerce des Anglais en Russie. Dorpat 1806. — Fr. Jac. Scheltema, Rusland en de Nederlanden beschouwed in derzelver wederkerige betrekkingen. 4 Th. Amsterd 1817—1819.

75) l c. III. p. 11, wo als Quelle angeführt wird eine monatliche Zeitschrift: Political State of Great Britain, Nov 1791.

76) Vergl.: The complete English Tradesman, 3d ed., Lond. 1727, II, 2, 13.

77) Bei Craik, l. c. 149.

78) cf. Wood, Survey etc., p. 96.

79) Diese sowie die folgenden Angaben aus Davenant's Report to the Commissioners for stating the public accounts — Works ed. Whitworth, vol. V, p. 401 f., wo der ganze Handelsverkehr Englands mit Holland genau angegeben und characterisirt ist; doch ist hier natürlich nicht der Platz, auf die Einzelheiten näher einzugehen

80) Vgl. J. Gee, the trade and navigation of Great Britain considered, Glasgow 1750, 5d ed., p. 12. — Taube, Geschichte der Engländischen Handelschaft ... bis 1776, Leipzig 1776, p. 66. — Ferner bei Craik, l. c. p. 78, fr. bei Anderson u. ö.

81) (Ch. King), Le négociant Anglais, Trad., Amsterd 1755. Préliminaire des französischen Uebersetzers.

82) Ebendas. II, p. 64. Diesen Handel behandelt näher die Schrift The British merchant, die gegen den Handelsvertrag mit Frankreich vom Jahre 1713 gerichtet ist.

83) Sir Ch. Whitworth, State of the trade of Great Britain . . . . from 1697, London 1776, fol. Auch die im Folgenden angeführten Zahlen sind meist daher entnommen.

84) Der Pfefferhandel bringe den Holländern allein mehr ein als die Minen von Peru und Mexico. Bei dem durchschnittlichen jährlichen

Consum von 5000 Tons seien zu gewinnen ca. 2,500,000 £ (l. c. p. 121).
Vergl. Josiah Child, New Discourse of Trade, p. 144.

85) Josiah Child, Discourses on Trade, cf. Craik, l. c. 82, cf. Davenant, l. c., Works 1, p. 98 f.

86) S Craik, l. c. p. 137.

87) Unbedeutendere Handelsgebiete, die für uns kaum in Betracht kommen, wie die Hudsonsbai, übergehe ich.

88) Diese Resultate sind gewonnen durch Addition der einzelnen bei Whitworth aufgeführten Posten.

89) State tracts, vol. III, p. 22 f.

90) cf. Craik, l. c. p 140.

91) Dies und das Folgende aus: Ranke, Engl. Gesch., VI, S. 507.

92) cf. Wood, Survey (a. o. Anm. 63), S. 291. Ferner Taube (Anmerk. 80), S. 71 u. ö.

93) Mehr über die Praxis dieses Handelszweiges findet man u. A. bei Raynal, Histoire philosophique et politique des établissements et du commerce des Européens dans les deux Indes, Genève 1804, T. VII, p. 265 f.

94) Vergl. u. a. J. W. v. Archenholz, die Geschichte der Flibustier (Histor. Schriften 2. Bd.), Tübingen 1803, bes S. 35, 174 f., 272 u. ö

95) Wood, Survey, p. 292 f. — cf. auch Le négociant Anglais, I, LIX und sonst.

96) Wood a. a. O.: Are the people, the inhabitants of Jamaica able to consume 4—500,000 £ in Linen and Woollen manufacture?

97) S Bannister, Will. Paterson, the merchant statesman. Edinburgh 1858.

98) Bannister, p. 128 u. aus archivalischen Quellen.

99) Mehrere in der Collection of State Tracts, cf. besonders Inquiry into the causes of the miscarriage of the Scots colony at Darien (Vol. III).

100) Proposals and reasons for constituting a council of trade, Edinburgh, printed 1701. Eine ausführliche Analyse bei Bannister a. a. O. cap XIII—XVIII incl

101) A proposal to plant a Colony in Darien, to protect the Indians against Spain and to open the trade of South America to all nations. Aus der Harleian collection cf. Bannister, cap. XIX.

102) — if they shall be so stupid and insensible as to let the house of Bourbon unite the purse of the world to the sword of France!

103) to hold the balance and preserve the peace.

104) Oder wie eine andere Brochüre der Zeit sich ausdrückt: from the Peru and Potosi in the management of France. — The Dangers of Europe from the growing power of France (1701), State Tracts III, 343.

105) Assiento ou Privilège pour l'introduction et la vente des esclaves nègres dans l'Amérique Espagnole contenans les conditions, aux-

quelles il est accordé à la Comp. Royale de Guinée établie en France pour le temps de dix ans. S. Dumont VIII, 1, p. 83. Vergl. über die Wichtigkeit dieses Assiento Davenant (Works V, p. 138).

106) cf. Taube, Engländ. Handelschaft, p. 17.

107) Vom Jahre 1331 findet man eine letter of protection Eduards III. für John Kemp aus Flandern, einen woollen cloth weaver — von 1337 für 2 Weber aus Brabant, cf. Anderson I, zu den betr. Jahren.

108) Anderson I, p, 297 ad a. 1331.

109) So wurde verordnet, dass keine fremden Tuche importirt werden sollten bei Strafe der forfeitures and other punishments, ferner, dass Niemand andere als in England verfertigte Tuche tragen sollte. — XI. Edward III., cf. Anderson ad a 1337, I, p. 310.

110) Vergl. W. Vocke, Geschichte der Steuern des brittischen Reiches. Leipzig 1866, 8vo., S. 285. 287. 289.

111) cf. (P. de la Court) Aanwysing der heilsame politike gronden en maximen der republike van Holland en Westvriesland. Zuerst 1669. Deel. II, c. IX.

112) L. Guil. & Maria c. 32, cf. Craik, L. c. p. 151.

113) 2. Guil. III. c. 40, cf. ebendas.

114) 10. Guil. III. c. 16, cf. ebendas.

115) 11. Guil. III. c. 20, cf. Craik, L. c. p. 158.

116) Mss. Harl. Brit. Mus. No. 1898 bei Chalmers, S. 207.

117) Ebendas.

118) Bei Craik, L. c. p. 147. Vgl. Davenant, Works V, p. 354— 361. 405 u. ö.

119) S Davenant, Works, Vol. II, p. 146. — Wood, Survey, sagt (S. 248): The woollen manufacture has at all times since its erection in this kingdom been thought the great basis of our foreign trade and the first spring of our dealings abroad. Er stellt nach 'several ingenious authors' auf:

Werth der jährlich geschornen Wolle £ 2,000,000
Werth der Fabrikation . . . . . . £ 6,000,000
Gesammtwerth £ 8,000,000

120) Vol. I ad a. 1337. Man machte später in England vielfache Versuche, die spanischen Schafe im Lande zu acclimatisiren, besonders Georg III. interessirte sich dafür, aber es gelang nicht. S. Mc. Culloch, Dict. of Commerce, art. wool (S. 1420).

121) Parliamentary history of England from the earliest period to 1803, vol. IV, Sp. 595.

122) S. Mc. Culloc, ebendas. (p. 1423).

123) The complete English Tradesman, Lond. 1727, S. 51. 52.

124) Man wollte deshalb der ganzen irischen Wollproduction ein Ende machen; Ireland sollte sich auf Leinen beschränken; s. Ranke, Engl. Gesch. VI, S. 469, cf. Davenant, works II, 256.